ΣΗΜΕΙΟ ΜΗΔΕΝ

GROUND ZERO

ΠΑΝΑΓΙΩΤΑ ΜΠΛΕΤΑ

PANAGIOTA BLETAS

ΠΕΡΙΕΧΟΜΕΝΑ

ΣΥΝΟΠΤΙΚΟ ΒΙΟΓΡΑΦΙΚΟ

- Η Παναγιώτα Μπλέτα γεννήθηκε στην Λακωνία ενώ μεγάλωσε στο Χαλάνδρι.

- Σπούδασε στη Νέα Υόρκη: ΜΒΑ - Μεταπτυχιακός τίτλος στην Οργάνωση και Διοίκηση Επιχειρήσεων, New York Institute of TechnologyBSc Marketing-Management - Πτυχίο στην Οργάνωση/Διοίκηση Επιχειρήσεων και Marketing, City University of New York

- Δραστηριοποιήθηκε έντονα στο χώρο της Τοπικής αυτοδιοίκησης όπου και διακρίθηκε σαν:Αντιδήμαρχος Χαλανδρίου - Πρόεδρος των Δημοτικών Επιχειρήσεων Πολιτισμού και Ανάπτυξης στο Δήμο Χαλανδρίου-

- **Δημιούργησε το πρώτο Δημοτικό Κέντρο Εξυπηρέτησης Πολιτών/Κ.Ε.Π. στην Ελλάδα, Κ.Ε.Π. Χαλανδρίου.**

- Υποψήφια Νομάρχης-Νομός Λακωνίας -Επικεφαλής Νομαρχιακής Παράταξης

- Δημιούργησε πρότυπο Newsletter, που αφορούσε τα Ευρωπαϊκά προγράμματα σε σχέση με την Περιφέρεια και συνέβαλλε ουσιαστικά στην απορρόφησή τους.

- Συνεργάστηκε επαγγελματικά με μεγάλους ελληνικούς και ξένους επιχειρηματικούς ομίλους, που δραστηριοποιούνται στο χώρο της έρευνας, επικοινωνίας, εκπαίδευσης, συμβουλευτικής καθώς και εστίασης αναλαμβάνοντας υψηλές διοικητικές θέσεις:

- Σχεδίασε και υλοποίησε έργα με σημαντικά ωφέλιμη αξία για το Ελληνικό κοινό –Γραμμή Ενημέρωσης σεισμόπληκτων 0800-18000, Γραμμή Εξυπηρέτησης Πολιτών 1464 κτλ.

- Τα τελευταία χρόνια ασχολείται με την αρθρογραφία σε Ελλάδα/Εξωτερικό και τη συγγραφή. Έχουν εκδοθεί μέχρι σήμερα 14 βιβλία : το θεατρικό βιβλίο «ΟΛΑ ΕΙΝΑΙ ΒΙΑ», τα πολιτικά βιβλία «ΣΗΜΕΙΟ ΜΗΔΕΝ - GROUND ZERO», «Η ΗΘΙΚΗ ΤΗΣ ΔΗΜΟΚΡΑΤΙΑΣ», «ΔΡΑΚΟΙ & ΧΡΕΗ - DRAGONS & DEBTS», «ΔΙΚΑΙΕΣ ΑΝΑΤΡΟΠΕΣ - FAIR TWISTS», «ΙΣΧΥΡΕΣ ΑΛΗΘΕΙΕΣ ΑΝΙΣΧΥΡΟΙ ΗΓΕΤΕΣ - POWERFUL TRUTHS UNPOWERFUL LEADERS», «ΟΙ ΠΕΝΗΝΤΑ ΑΠΟΧΡΩΣΕΙΣ ΤΟΥ ΠΟΛΕΜΟΥ - THE FIFTY SHADES OF WAR», το οικονομικό δοκίμιο «ΤΟ ΔΟΓΜΑ ΤΗΣ ΦΤΩΧΕΙΑΣ» και έξι ποιητικές της συλλογές «ΑΠΟΡΙΕΣ ΤΗΣ ΕΠΑΝΑΣΤΑΣΗΣ», «FUCK YOU/ΚΑΝΕ ΤΗΝ ΑΝΑΤΡΟΠΗ», «UNFUCK GREECE/ΕΛΕΥΘΕΡΩΣΤΕ ΤΗΝ ΕΛΛΑΔΑ», «ΓΡΑΜΜΑΤΑ ΣΕ ΜΙΑ ΧΑΜΕΝΗ ΠΑΤΡΙΔΑ»,
«UNFUCK THE WORLD/ΕΛΕΥΘΕΡΩΣΤΕ ΤΟΝ ΚΟΣΜΟ» (έχει εκδοθεί και στα αγγλικά) και «ΓΥΜΝΕΣ ΕΞΟΜΟΛΟΓΗΣΕΙΣ».

ΔΗΜΟΣΙΕΥΣΕΙΣ

Τα άρθρα δημοσιεύτηκαν και αναδημοσιεύτηκαν σε μεγάλα και μικρά sites, σε έντυπες και διαδικτυακές εφημερίδες, καθώς και σε πολλά blogs, εγχώρια και ξένα, κατά το έτος 2018.

Ενδεικτικά αναφέρω:

WWW.NOW24.GR

WWW.BOOKS AND STYLE.GR

WWW.LEFESPEED.GR

WWW.ATTICACOAST.GR

Η ΠΕΝΑ ΤΗΣ ΑΤΤΙΚΗΣ

Η ΣΦΗΚΑ

ΑΝΕΜΟΣ ΑΝΑΤΡΟΠΗΣ

ΠROTAGORASNEWS

ΑΧΑΡΝΑΙΚΗ

Και πολλά άλλα…

ΤΟΥΣ ΕΥΧΑΡΙΣΤΩ ΟΛΟΥΣ

ΑΡΘΡΟ 1°

ΣΧΗΜΑΤΙΣΜΟΣ ΚΥΒΕΡΝΗΣΗΣ ΣΤΗ ΓΕΡΜΑΝΙΑ

Κυβερνητικό συνασπισμό φαίνεται ότι θα έχουμε στη Γερμανία , μεταξύ Μέρκελ (Χριστιανοδημοκράτες CDU) – Σουλτς (Σοσιαλδημοκράτες SPD) – Ζεεχόφερ (Βαυαροί Χριστιανοκοινωνιστές CSU), προκειμένου να βγει η χώρα από το πολιτικό αδιέξοδο που έχει οδηγηθεί εδώ και αρκετούς μήνες.

Ποια είναι όμως τα υψηλά εμπόδια που οδήγησαν μια τόσο ισχυρή οικονομία να έχει χάσει τον πολιτικό της βηματισμό και να οδηγηθεί ουσιαστικά σε ακυβερνησία τόσο καιρό;

1) Σύμφωνα με έρευνα του Ινστιτούτου Dimap η οποία διεξάχθηκε για λογαριασμό της Handelsblatt, το 56% των Γερμανών πιστεύουν ότι η καγκελάριος Μέρκελ δεν θα εξαντλήσει την τετραετία και θα αναγκαστεί σε παραίτηση πριν το τέλος της κοινοβουλευτικής που λήγει το2021. Και αυτό γιατί διακρίνεται από έλλειψη αποφασιστικότητας σε καίρια ζητήματα, καθώς έχει αφομοιωθεί από τη εξουσία και δεν διαθέτει κανένα σχέδιο για την χώρα ή την Ευρωπαική Ένωση.

2) Η αύξηση του ανώτατου φορολογικού συντελεστή. Στον επικείμενο κυβερνητικό συνασπισμό συμφωνήθηκε πως δεν θα υπάρξουν φορολογικές επιβαρύνσεις, αλλά ελαφρύνσεις.

3) Οι εργασιακές συμβάσεις, η κοινωνική ασφάλιση. Συμφωνήθηκε ότι το επίπεδο των συντάξεων θα παραμείνει στο 48% του μέσου όρου του μισθού, ενώ

οι εργοδότες θα συνεισφέρουν στα ασφαλιστικά ταμεία με το ίδιο ποσοστό όπως οι εργαζόμενοι.

4) Η περιβαντολογική πολιτική. Δεν συμφωνήθηκε τίποτα.

5) Η μεταναστευτική πολιτική. Συμφωνήθηκε να δέχονται ετησίως έως και 220.000 πρόσφυγες, καθώς και να υπάρξει περιορισμός στην επανένωση οικογενειών προσφύγων στα 1000 άτομα μηνιαίως.

6) Η Ευρωπαική πολιτική. Συμφωνήθηκε να διατεθούν κονδύλια του προϋπολογισμού της Γερμανίας για την οικονομική σταθεροποίηση, την κοινωνική σύγκλιση και τη στήριξη των διαρθρωτικών μεταρρυθμίσεων στην Ευρωζώνη. Συμφωνήθηκε επίσης η επικέντρωση στη στενή συνεργασία με την Γαλλία , έτσι ώστε να ενισχυθεί ο Γαλλογερμανικός άξονας.

Με περίπου 38 δις ευρώ δημοσιονομικό πλεόνασμα το 2017, τα δημόσια ταμεία της Γερμανίας είναι υπεργεμάτα από τις συναλλαγές της όλα αυτά τα χρόνια μέσα από το θεσμό της Ευρωπαικής Ένωσης.

Και ερχόμαστε σε αυτό που βροντοφωνάζω εδώ και χρόνια ότι ΜΟΝΟ ΜΕ ΑΝΑΔΙΑΝΟΜΗ ΤΩΝ ΠΛΕΟΝΑΣΜΑΤΩΝ ΤΗΣ ΓΕΡΜΑΝΙΑΣ ΣΤΙΣ ΑΣΘΕΝΕΣΤΕΡΕΣ ΟΙΚΟΝΟΜΙΕΣ ΕΝΤΟΣ ΤΗΣ ΕΥΡΩΠΑΙΚΗΣ ΕΝΩΣΗΣ ΜΠΟΡΕΙ ΝΑ ΜΠΕΙ ΣΕ ΤΡΟΧΙΑ ΑΝΑΠΤΥΞΗΣ ΚΑΙ Η ΥΠΟΛΟΙΠΗ ΕΥΡΩΠΗ Η ΟΠΟΙΑ ΕΧΕΙ ΑΙΜΑΤΗΡΑ ΣΤΗΡΙΞΕΙ ΑΥΤΗ ΤΗΝ «ΓΕΡΜΑΝΙΚΗ ΑΝΟΙΞΗ» και όχι με την μετατροπή του Ευρωπαικού Μηχανισμού Στήριξης (ESM) σε Ευρωπαικό

Νομισματικό Ταμείο έτσι ώστε από την μία να μπαίνουν στην Ευρωπαική Ένωση και από την άλλη να βγαίνουν υπό την μορφή δανεισμού από το Ευρωπαικό Νομισματικό Ταμείο προς όφελος πάλι της Γερμανίας...

Θα έπρεπε όμως τόσο καθυστερημένα , ένα βήμα πριν την Ευρωπαική διάλυση να αναγκάζεται η Γερμανία να προβεί στην υλοποίηση λύσεων που αν είχαν εφαρμοσθεί νωρίτερα δεν θα κινδύνευε να καταρρεύσει η οικονομία της Ευρώπης;

Δεν είναι καθόλου τυχαίο, ότι παρά την οικονομική ανάπτυξη της Γερμανίας οι Γερμανοί ψηφοφόροι αντιλήφθηκαν ότι δεν μπορούν να ζουν σε μια κανιβαλιστική Ευρωπαική Κοινότητα που σύντομα θα καταπιεί και τους ίδιους, για αυτό και όπως εμφανίζεται στην παραπάνω δημοσκόπηση δεν την θεωρούν τίποτε άλλο παρά μια αριβίστα πολιτικάντη που στα χέρια της η Γερμανία κινδυνεύει να χρεωθεί τον καταποντισμό της Ευρωπαικής Ένωσης.

Δεν είναι επίσης τυχαία η συμφωνία για το μεταναστευτικό, γεγονός που εμφανίζει την Γερμανία , κατόπιν δυσαρέσκειας των πολιτών της, να περιορίζει την αθρόα εισροή μεταναστών, κατάσταση που προσπάθησε να επιβάλλει σε άλλες χώρες, ασθενείς οικονομικά όπως η Ελλάδα, χωρίς να συνεπικουρεί στην οικονομική τους στήριξη.

Δεν θα είναι καθόλου τυχαίο, αν η Γερμανία δεν καταφέρει να αναδιοργανωθεί σύντομα και σωστά, ότι δεν έχει περιθώρια πια να συντηρήσει όχι μόνο την Ευρωπαική Ένωση αλλά και το ίδιο της τον εαυτό, καθώς η μεγαλοδυναμία της έχει προκύψει από την αφαίμαξη των υπόλοιπων Ευρωπαικών λαών.

11

ΑΡΘΡΟ 2ⁿ

ΤΙ ΚΡΥΒΕΤΑΙ ΠΙΣΩ ΑΠΟ ΤΟ ΜΑΚΕΔΟΝΙΚΟ…

Το Μακεδονικό ζήτημα είναι ένα εξαιρετικά πολύπλοκο θέμα το οποίο δεν μπορεί να ανοίξει και να κλείσει μέσα σε λίγες μέρες, προκειμένου να εξυπηρετηθούν:

1) οι βλέψεις του Αμερικάνου να εισάγει στο ΝΑΤΟ τη γείτονα χώρα ΠΓΔΜ και να εδραιώσει βάσεις στην εδαφική της επικράτεια,
2) οι βλέψεις της Ευρωπαικής Ένωσης να εντάξει την ΠΓΔΜ στην δύναμή της και έτσι να κλείσει μια ακόμη πόρτα στη Ρωσία.

Η ηγεσία των Σκοπίων χρησιμοποιεί εύλογα το χαρτί των ενταξιακών διαπραγματεύσεων ένθεν και εκείθεν , προκειμένου να εξασφαλίσει ως «Μακεδονική» την εθνική της ταυτότητα και έτσι να βγει ωφελημένη από τις παραπάνω συναλλαγές, διότι για συναλλαγές πρόκειται.

Δήλωσε λοιπόν έτοιμη να αυξήσει τον αμυντικό της προυπολογισμό για τη συμμετοχή στο ΝΑΤΟ και την στρατιωτική δύναμη στο Αφγανιστάν. Δήλωσε επίσης έτοιμη να ενταχθεί στην Ευρωπαική Ένωση, καθώς βρίσκεται σε καθεστώς υποψήφιας χώρας.

Έτσι η πίεση από την πλευρά των Σκοπίων απέναντι στην Ελλάδα για την χρήση του όρου ΜΑΚΕΔΟΝΙΑ σαν εθνική τους ταυτότητα, μεταφέρεται σε άλλο επίπεδο, καθώς αποκτά διεθνή διάσταση και χαρακτήρα.

Η Ελλάδα στον αντίποδα , εγκλωβισμένη από τις εξελίξεις δεν μπορεί να αποφασίσει, ή μάλλον δε της επιτρέπεται να αποφασίσει εάν θα επιτρέψει τον εθνικό προσδιορισμό ΜΑΚΕΔΟΝΙΑ στην γείτονα χώρα, καθώς η συναλλαγή που αφορά την ΠΓΔΜ, τις ΗΠΑ και την ΕΕ για την ένταξη της ΠΓΔΜ στους κόλπους των έχει συμφωνηθεί ερήμην της και έχει εκχωρηθεί ερήμην της η «αντικαταβολή» που ακούει στο όνομα ΜΑΚΕΔΟΝΙΑ.

Θα πρέπει να σημειωθεί ότι η ΠΓΔΜ είναι πολύ χρήσιμη για τις ΗΠΑ και την ΕΕ, καθώς τεμαχισμένη όπως έχει βρεθεί μετά τον πόλεμο, μπορεί να κατασταθεί ως μια ακίνδυνη ενεργειακή, προσφυγική, εμπορική ζώνη που θα αποτελεί επιπλέον ανάχωμα απέναντι στη Ρωσία.

Άρα οι διαπραγματευτικές διαδικασίες δεν παίζουν παρά έναν παραπλανητικό ρόλο, προκειμένου να επισφραγισθεί αυτό που ήδη έχει συμφωνηθεί.

Το θέμα είναι, εάν πρέπει η Ελλάδα να κάτσει στο τραπέζι των διαπραγματεύσεων για να υπογράψει αυτά που είναι «τα του οίκου της», τα οποία όμως δεν διαχειρίζεται η ίδια.

Πρόβλημα λοιπόν δεν αποτελεί εάν θα επιτρέψουμε εμείς ο όρος ΜΑΚΕΔΟΝΙΑ να χρησιμοποιείται από τους γείτονες, αλλά ο εκβιασμός που δεχόμαστε για να το πράξουμε συνολικά αλλά και την δεδομένη χρονική στιγμή.

Στιγμή που οι ιδιωτικές να υπενθυμίσω τράπεζες πιέζουν το EUROGROUP και το EUROGROUP πιέζει την Ελλάδα για την εφαρμογή των πλειστηριασμών και την μείωση του αφορολόγητου, προκειμένου να εισπράξει μαζικά τα «οφειλόμενα».

Ο αποπροσανατολισμός της κοινής γνώμης είναι παροιμιώδης , καθώς η εκτόνωση της οργής και της δυσαρέσκειας σε ένα κλίμα εθνικής έξαψης θα βάλει σε δεύτερη μοίρα ζητήματα ΕΘΝΙΚΗΣ ΕΠΙΒΙΩΣΗΣ...

Το ΜΑΚΕΔΟΝΙΚΟ θα πρέπει λοιπόν να λυθεί, όταν η Ελλάδα θα είναι έτοιμη και δυνατή να το λύσει μόνη της, με βάση τα δικά της αμοιβαία συμφέροντα με τη γείτονα.

-Αυτό σημαίνει πολιτική απόρριψη των διαπραγματεύσεων ή αλλιώς ΠΑΥΣΗ ΤΩΝ ΔΙΑΠΡΑΓΜΑΤΕΥΣΕΩΝ ΚΑΘΩΣ ΔΕΝ ΥΠΑΡΧΕΙ ΕΘΝΟΣ ΜΑΚΕΔΟΝΙΚΟ.

-Αυτό σημαίνει ομογενοποιημένη αντίσταση απέναντι στα ζητήματα που αφορούν όχι μόνο την ΕΘΝΙΚΗ αλλά και την στοιχειώδη ΑΝΘΡΩΠΙΝΗ ΕΠΙΒΙΩΣΗ.

ΑΡΘΡΟ 3ο

Η ΝΑΖΙΣΤΙΚΗ ΕΜΠΕΙΡΙΑ ΤΗΣ ΑΝΑΤΟΛΗΣ

Προκλήσεις, απειλές , διεκδικήσεις, σε ένα παιχνίδι εντυπώσεων και επίδειξης δύναμης.

Τουρκία λοιπόν η χώρα με τα 80 περίπου εκατομμύρια πληθυσμό , που αδυνατεί ακόμη να βρει τη θέση της στο χάρτη,   καθώς μέχρι σήμερα δεν παύει να δημιουργεί προβλήματα με τις γειτονικές χώρες.

Από όταν ήταν ακόμη Οθωμανική Αυτοκρατορία μέχρι και τον υποτιθέμενο εκδημοκρατισμό της, επίσημη πολιτική στρατηγική γραμμή αποτελούσε η εκκαθάριση των μειονοτήτων που κατοικούσαν εντός της.

Χαρακτηριστικά παραδείγματα   αποτελούν οι Γενοκτονίες των Αρμενίων, των Ελλήνων του Πόντου, των Ασσύριων, οι σφαγές των Ελλήνων της Μικράς Ασίας, των Κυπρίων, των Κούρδων, οι διωγμοί των Εβραίων κτλ. Ο $20^{ος}$ αιώνας ήταν γεμάτος διωγμούς και μαζικές δολοφονίες, καθώς κατά την Τουρκική πολιτική αντίληψη οι μειονότητες αποτελούσαν «ανθρωπολογικές ανωμαλίες». Αντίληψη ταυτόσημη με την Ναζιστική ιδεολογία. Αλλά και ο $21^{ος}$ δεν πάει πίσω, βλέπε την εισβολή στη Συρία, προκειμένου να αποτρέψουν την επίσημη ίδρυση Κουρδικού κράτους.

Και κίνητρο δεν αποτελούσε μόνο η εθνοκάθαρση όπως σήμερα χαρακτηρίζουν τις γενοκτονίες, τις σφαγές και τους διωγμούς, αλλά κυρίαρχα η αρπαγή του πλούτου.

Οι περισσότεροι από τους πολιτικούς της ηγέτες σε μια προσπάθεια καθοδήγησης της πολυπληθούς μάζας που αποτελεί το εκλογικό της σώμα και εδραίωσής τους στην εξουσία δεν διστάζουν να διεκδικούν ακόμη και σήμερα τα σύνορα και τον φυσικό πλούτο άλλων χωρών.

Βλέπε: ΤΑΓΙΠ ΡΕΤΖΕΠ ΕΡΝΤΟΓΑΝ... Είναι σχεδόν αστείο έως γραφικό ότι απευθύνονται σε αυτόν με τον στρατιωτικό προσδιορισμό «Αρχιστράτηγος» και όχι πρόεδρος της Τουρκίας. Ενδεχομένως και να οραματίζεται την πορεία του σε συνάφεια με τον Κεμάλ Ατατούρκ, ξεκινώντας δηλαδή από αρχιστράτηγος να επιστρέψει την Τουρκία όμως από Δημοκρατία σε Αυτοκρατορία και να διορθώσει ακόμη και αυτόν τον πολιτικό του προκάτοχο!

Στο επίπεδο των πολιτών επικρατεί χαοτική αντίληψη σχετικά με όλα αυτά, καθώς η έλλειψη παιδείας, η φτώχεια στην οποία ζει το μεγαλύτερο μέρος του πληθυσμού, η έλλειψη επικοινωνίας με τον εξωτερικό κόσμο, τα ΜΜΕ που καλλιεργούν διαρκώς αλυτρωτικές συμπεριφορές , η αφομοίωση των ακαδημαικών και πνευματικών ανθρώπων από την βολή τους, έχουν δημιουργήσει αποκλεισμό των Τούρκων από την πραγματικότητα.

Πότε άραγε θα έρθει η συνειδητοποίηση των Τούρκων πολιτών , έτσι ώστε να μην επιτρέπουν να τους κυβερνούν φασιστικά στοιχεία; Ή αυτές οι ιδεολογίες αποτελούν απλά αντανάκλαση του λαικού ψυχισμού; Ο ίδιος ο λαός θα πρέπει να αποφασίσει για αυτό...

Έτσι λοιπόν συνεχίζεται η σειρά των προκλήσεων στο Αιγαίο. Το ισχυρότερο κίνητρο, όπως έχω αναπτύξει σε πολλά άρθρα μου αλλά και στο τελευταίο μου βιβλίο «Η ΗΘΙΚΗ ΤΗΣ ΔΗΜΟΚΡΑΤΙΑΣ» στο κεφάλαιο «Η Ηθική της Γεωπολιτικής» , αποτελεί η διεκδίκηση μεριδίου στον τεράστιο ενεργειακό μας πλούτο - φυσικό αέριο, πετρέλαιο, υδρογονάνθρακες.

Μόνη λύση, επισημαίνω ξανά, αποτελεί το απόλυτο και ανεκμετάλλευτο κυριαρχικό μας δικαίωμα , σύμφωνα με το Διεθνές Δίκαιο και το Δίκαιο της Θάλασσας : η ανακήρυξη και οριοθέτηση της Ελληνικής ΑΟΖ – Αποκλειστικής Οικονομικής Ζώνης, δηλαδή το χάραγμα ουσιαστικά των θαλάσσιων συνόρων μας.

Κορυφαίοι επιστήμονες όπως ο Ηλίας Κονοφάγος, ο Νίκος Λυγερός, ο Αντώνης Φώσκολος έχουν αναδείξει εμπεριστατωμένα την σπουδαιότητα του υποθαλάσσιου ορυκτού πλούτου και έχουν υποδείξει προκειμένου η Ελληνική πλευρά να ανακηρύξει την ΑΟΖ της και να την αξιοποιήσει οικονομικά κάνοντας τις κατάλληλες διαπραγματεύσεις.

Έτσι όχι μόνο θα αποφεύγαμε την φτωχοποίηση της Ελλάδας , αλλά θα την καθιστούσαμε πανίσχυρη οικονομικά και για το μέλλον.

Έτσι θα αποφεύγαμε την καταδυνάστευση του Ευρωπαικού και Διεθνή παράγοντα που αποικιοποίησε τη χώρα μέσω του χρέους της.

Όλα αυτά όμως απαιτούν πολιτική βούληση αγαπητοί μου…

Ας παραδειγματιστούμε λίγο από τη Κύπρο : όπου ο ιστορικός πολιτικός ηγέτης , Πρόεδρος της Κυπριακής

Δημοκρατίας Τάσσος Παπαδόπουλος άλλαξε την ιστορία της Κύπρου :

- ανακηρύσσοντας το 2004 την ΑΟΖ της Δημοκρατίας της Κύπρου
- και διορθώνοντας τον Κληρίδη την έθεσε σε ισχύ από το 2003
- ενώ παράλληλα πέτυχε και την αναγνώρισή της από τις ΗΠΑ, Ρωσία και Ευρωπαική Ένωση.

Αλλιώς θα είμαστε έρμαια του κάθε Χιτλερίσκου της Ανατολής που επιθυμεί μέσα από τις γκρίζες ζώνες και την οριοθέτηση της υφαλοκρηπίδας στο Αιγαίο, προκειμένου για την αμφισβήτηση των νησιών , καθώς όλα τα νησιά διαθέτουν ΑΟΖ όπως ακριβώς και οι ηπειρωτικές περιοχές, να αλλοιώσει τα σύνορα μας για να υφαρπάξει την ενεργειακή μας περιουσία.

ΑΡΘΡΟ 4ο

ΤΟ ΠΟΛΙΤΙΚΟ ΣΕΡΒΙΤΣΙΟ ΤΗΣ ΙΤΑΛΙΑΣ

Αναμενόμενη ήταν η πολιτική ανατροπή στις βουλευτικές εκλογές της Ιταλίας, καθώς αποτελεί προιόν της ληστρικής πολιτικής λιτότητας της Ευρωπαικής Ένωσης απέναντι στις χώρες μέλη.

Το Κίνημα των Πέντε Αστέρων όπως είχα προβλέψει , αναδεικνύεται σε πρώτη πολιτική δύναμη στη χώρα, ενώ ακολουθεί ο κεντροδεξιός συνασπισμός που φαίνεται να κυριαρχεί στο βορρά και το κέντρο.

Μια συμμαχία των δύο ευρωσκεπτικιστικών κομματικών σχηματισμών είναι πολύ πιθανή, προκειμένου να αναλάβει την διακυβέρνηση της χώρας.

Μετά το BREXIT και την ανάδειξη Τραμπ στις ΗΠΑ, φαίνεται ότι οι Ιταλοί θα γράψουν την δική τους ιστορία στα πολιτικά πράγματα, που προιδεάζει για παράλληλο νόμισμα και έξοδο ακόμη της χώρας από το ευρώ και την ΕΕ.

Η Ευρωπαική Ένωση συνεχίζει όμως να κωφεύει εμπρός στην ετυμηγορία των εκλογών και να μην προσανατολίζεται στην επίλυση των προβλημάτων των καταχρεωμένων μελών της.

Και η Ευρωπαική Κεντρική Τράπεζα - ΕΚΤ απειλεί ότι σε περίπτωση ανατροπής των μεταρρυθμίσεων λιτότητας , αυτών δηλαδή που έχουν επιφέρει ανεργία στο λαό της Ιταλίας, θα αδυνατεί να καθησυχάσει τις αγορές... Αυτές τις αγορές που εξαρτώνται από τους αμφιλεγόμενους πιστοληπτικούς οίκους αξιολόγησης. Ομοούσια συμφέροντα. ΕΕ – ΕΚΤ - ΔΝΤ - ΑΓΟΡΕΣ – ΠΙΣΤΟΛΗΠΤΙΚΟΙ ΟΙΚΟΙ ΑΞΙΟΛΟΓΗΣΗΣ.

Και οι ανησυχίες εντείνονται για τη δημοσιονομική θέση της Ιταλίας, που πρέπει να σημειώσουμε έχει χρέος περίπου 2,3 τρις ευρώ, από τα υψηλότερα παγκοσμίως.

Και το άγχος περισσεύει για το αν η Ιταλία θα συνεχίσει τις «αναπτυξιακές» μεταρρυθμίσεις της ΕΕ , που μόνο ανάπτυξη δεν της έχουν φέρει.

Δηλαδή τι είναι αυτό που φοβούνται ;

Να μην διαταραχθούν οι ισορροπίες της Ευρωζώνης, καθώς μπαίνει σε κίνδυνο πάλι το ευρώ ;

Να μην κινδυνεύσουν τα συμφέροντα τους, καθώς η Ιταλία αντιτάσσεται στην αποβιομηχάνιση που τις άφησε να χαίρεται πόλεις-φαντάσματα όπως το Τορίνο και εκατομμύρια ανέργους και στην μετατροπή της σε χώρα εξαρτώμενη από τις χρηματοπιστωτικές υπηρεσίες τις οποίες ελέγχει το σύστημα;

Θα σας πω τι φοβούνται λοιπόν:

Φοβούνται αυτή τη γενιά που έρχεται, την κάτω των 40 , που αναγκάζεται να δουλεύει part-time και να αμείβεται με ψίχουλα. Αυτή τη γενιά των νέων, που στην Ιταλία γνωρίζει ανεργία κοντά στο 40% (ISTAT-2016). Αυτή που έκανε την επανάσταση και στη Μεγάλη Βρετανία.

Φοβούνται την ανατροπή των σχεδίων τους που προβλέπουν να εκπαιδεύονται οι καινούργιες γενιές σε εισοδήματα φτώχειας, έτσι ώστε να μην αναζητούν καλύτερο τρόπο ζωής και να μην εξεγείρονται.

Να γίνονται οι λαοί ικανοί υπήκοοι μιας διεθνοποιημένης τραβεστί Δημοκρατίας, που δεν αναγνωρίζει ούτε αυτό το βασικό δικαίωμα του ανθρώπου να ζει και να εργάζεται με αξιοπρέπεια σε μια χώρα που να τη θεωρεί πατρίδα, καθώς έτσι μπορούν να επανδρώνουν στρατούς ολόκληρους για να προστατεύουν τα συμφέροντα τους.

Οι εθνικές οικονομίες γίνονται πιο παραγωγικές όταν δεν πατρονάρονται , γιατί πολύ απλά υπηρετούν τα συμφέροντα των λαών τους.

ΑΡΘΡΟ 5ο

ΤΟΥΡΚΙΚΕΣ ΕΚΛΟΓΕΣ ΙΟΥΝΙΟΣ 2018

Με φόντο τις πρόωρες τουρκικές εκλογές ο τουρκικός επεκτατισμός έχει ξεπεράσει κάθε προηγούμενο.

Τόσο το κυβερνών κόμμα όσο και η κεμαλική αντιπολίτευση επιδίδονται σε έναν αγώνα διεκδικητικών βλέψεων που δεν αφορούν μόνο την Ελλάδα αλλά συνολικότερα τον επαναπροσδιορισμό των περιφερειακών τους συνόρων σε Συρία και Ιράκ.

Απώτερος στόχος είναι ο συνεταιρισμός στο οικονομικό παιχνίδι που αφορά τις περιοχές, όχι τόσο για την ίδια την Τουρκία όσο για τα δικά τους προσωπικά συμφέροντα σε επίπεδο χρήματος και εξουσίας.

Και ο Τουρκικός λαός έρμαιο στην αιμοχαρή δίψα τους…

Μετά το νοθευμένο δημοψήφισμα για την αλλαγή του Τουρκικού συντάγματος την 16η Απρίλη 2017, ο Ερντογάν προχωρά ανενόχλητος σε έναν πόλεμο κατά των πάντων προκειμένου να εξασφαλίσει ξανά την κυριαρχία του στην εξουσία.

Με παλαιοδικτατορικές μεθόδους όπως η φίμωση του τύπου, η φυλάκιση οποιουδήποτε στέκεται απέναντι στις πολιτικές του, επιχειρεί να επιβάλλει την καρέκλα του για άλλα πέντε χρόνια στο σβέρκο των τούρκων πολιτών.

Σύμφωνα με στοιχεία του ΟΗΕ για τα δικαιώματα του ανθρώπου (Μάρτιος 2018), 160.000 τούρκοι πολίτες βρέθηκαν φυλακισμένοι μεταξύ των οποίων δημοσιογράφοι, πανεπιστημιακοί, κληρικοί, διανοούμενοι, ακτιβιστές, καλλιτέχνες, στρατιωτικοί, δικαστικοί, επιχειρηματίες και άλλοι.

Ανοιχτά μέτωπα λοιπόν και στο εξωτερικό και στο εσωτερικό καθιστούν την Τουρκία χωρίς ουσιαστικές συμμαχίες στο εξωτερικό και με εμφύλιες συρράξεις στο εσωτερικό.

Ο Ερντογάν από μόνος του θέτει το εαυτό του σαν στόχο.

Και όσο και να μοιάζουν ελεγχόμενες από αυτόν οι εκλογές στις 24 Ιουνίου 2018 όπως και η τελική επικράτησή του, είναι αβέβαιη η διατήρησή του στην εξουσία.

Το χαμηλό προφίλ των ΗΠΑ σε συνδυασμό με τις ολοένα και μεγαλύτερες αντιδράσεις στο εσωτερικό προμηνύουν ότι η εκκαθάριση του είναι προμελετημένη και θα γίνει εκ των έσω - ότι κι αν αυτό σημαίνει…

Το ζητούμενο είναι όμως τι θα γίνει μετά…

Ποιος θα παραλάβει την εξουσία;

Πως θα διαμορφωθεί η εξωτερική και εσωτερική πολιτική της χώρας;

Είναι σίγουρο ότι η Τουρκία θα οδηγηθεί σε πολιτικό αδιέξοδο καθώς κανένα ισχυρό κόμμα μέχρι στιγμής δεν μπορεί να εγγυηθεί τη Δημοκρατία εκτός και εκτός συνόρων.

Πως αυτό θα επηρεάσει τη χώρα αλλά και συνολικά την κατάσταση;

Απομένει να δούμε για μια ακόμη φορά πως εξουσιολάγνοι φασίστες ηγέτες οδηγούν τη χώρα τους στο γκρεμό δηλαδή στην καταστροφή, τον κατακερματισμό και τον ΚΑΤΑΤΕΜΑΧΙΣΜΟ.

Και σίγουρα τότε ούτε οι πλασματικοί δείκτες ανάπτυξης , αλλά ούτε και οι ελληνικές, κυπριακές, κουρδικές και άλλες ανθρωποθυσίες θα μπορούν να βοηθήσουν.

Οι αλυτρωτικές σπονδές σε ένα Θεό που έπινόησε ο ίδιος ο Ερντογάν για να εξυπηρετήσει τα συμφέροντα του, είναι αυτές που θα ανοίξουν τον ασκό του Αιόλου για να αλλάξει η Τουρκία την ιστορία και το χάρτη της προς το χειρότερο...

ΑΡΘΡΟ 6ο

ΠΟΛΙΤΙΚΗ ΤΟΡΠΙΛΗ Η ΙΤΑΛΙΑ ΓΙΑ ΤΗΝ ΕΥΡΩΠΗ

Βέτο ο Ιταλός πρόεδρος Σέρτζιο Ματαρέλα στο σχήμα κυβέρνησης του Τζουζέπε Κόντε , λόγω της τοποθέτησης του Πάολο Σαβόνα στην θέση του υπουργού Οικονομικών.

Η αιτία απλή : Ο Σαβόνα 81 ετών αποτελεί τον πιο θερμό αλλά και τεκμηριωμένο υποστηρικτή της εξόδου της χώρας από την ευρωζώνη. Σαφώς και αποτελεί δριμύτατη απειλή για τους χρηματοπιστωτικούς κύκλους.

Σε ένα κόσμο που οι αγορές υποκαθιστούν τους πολιτικούς, είναι λογικό οι χώρες να βρίσκονται υπό κατοχή και οι πολίτες τους να πασχίζουν να ζήσουν με αξιοπρέπεια.

Ένας πρόεδρος λοιπόν αφομοιωμένος από το σύστημα, απορρίπτει την πρόταση κυβέρνησης που η λαική ετυμηγορία έχει ουσιαστικά υποδείξει και ΠΡΟΣΕΞΤΕ : ΑΝΑΘΕΤΕΙ ΣΧΗΜΑΤΙΣΜΟ ΚΥΒΕΡΝΗΣΗΣ ΣΤΟ ΠΡΩΗΝ ΥΨΗΛΟΒΑΘΜΟ ΣΤΕΛΕΧΟΣ ΤΟΥ ΔΝΤ ΚΑΡΛΟ ΚΟΤΑΡΕΛΙ.

Και μπορεί το Σύνταγμα να δίνει στον Πρόεδρο αυτό το προνόμιο ως δικλείδα ασφαλείας απέναντι σε όποια προοπτική φασιστοποίησης της χώρας, αυτό που συντελείται όμως είναι εντελώς το αντίθετο, να παραδίδεται η χώρα στον φασισμό του συστήματος των αγορών.

Ποιός κυβερνάει ποιόν; Γελιέστε αν νομίζετε ότι κυβερνούν οι κυβερνήσεις που εκλέγετε...

Και ενώ το χρέος της χώρας ανέρχεται στο 132% του ΑΕΠ (2,4 τρις ευρώ), δύο φορές πάνω από το 60% που προβλέπει το σύμφωνο σταθερότητας της Ευρωπαικής Ένωσης, η Ευρώπη ρεμβάζει αλλού. Στις ισορροπίες που προσπαθεί να επιφέρει στις αγορές πραξικοπηματώντας στην θέληση του ιταλικού λαού.

Ποια ψήφο εμπιστοσύνης μπορεί να λάβει ο Κοταρέλι, όταν υπονομεύεται ένας ολόκληρος λαός από κάτω;

Ποια πολιτική σταθερότητα μπορεί να εξασφαλίσει η σταθερότητα των αγορών ; Και πώς αυτή είναι ίση ή ανώτερη από την ευημερία των πολιτών σε μια οικονομία που σέρνεται γιατί προσπαθούν να τη μετατρέψουν σε χρηματοπιστωτική;

Ο Κοταρέλι ,που φημίζεται για το πόσο ειδικά καταρτισμένος εκτελεστής της πολιτικής της λιτότητας είναι, όχι ψήφο εμπιστοσύνης δεν θα πάρει για να σχηματίσει κυβέρνηση, αλλά ούτε τη ψήφο του δεν θα βρει στις επόμενες εκλογές που αναγκαστικά θα προκύψουν.

Οι Ιταλοί που φημίζονται για τον δημοκρατικό εξτρεμισμό τους όσο αφορά τις γνωστές αυτές μεταρρυθμίσεις λιτότητας έστειλαν τον Ματέο Ρέντσι σπίτι του όταν προσπάθησε να καταργήσει τη γερουσία με το περίφημο δημοψήφισμα το 2016, προκειμένου να περάσει βολικά την εργασιακή μεταρρύθμιση από το ιταλικό κοινοβούλιο. Αυτή που δεν πέρασε καν από τη Βουλή ο συνάδελφός του Ολάντ παρά με διάταγμα στη Γαλλία και αιματοκυλιέται ο γαλλικός λαός στις διαδηλώσεις ακόμη και σήμερα.

Με το Κίνημα των Πέντε Αστέρων και την Λέγκα να συγκεντρώνουν περισσότερες από τις μισές έδρες του κοινοβουλίου , οι εκλογές είναι προ του ορίζοντα. Και σίγουρα μετά τα τελευταία γεγονότα θα είναι ενισχυμένοι και οι δύο κομματικοί σχηματισμοί , καθώς η πραξικοπηματική στάση του προέδρου της Ιταλίας έχει επηρεάσει αρνητικά το λαό.

Ήδη, το Σάββατο 2 Ιουνίου, ημέρα κατά την οποία η Ιταλία γιορτάζει την Αβασίλευτη Δημοκρατία της , ο επικεφαλής του Κινήματος των Πέντε Αστέρων, Λουίτζι Ντι Μάιο, προετοιμάζει μεγάλη διαδήλωση στη Ρώμη, καλώντας τους Ιταλούς να τοποθετήσουν σημαίες στα παράθυρά τους, ενώ Δήμαρχοι της Λέγκα ξεκρέμασαν τη φωτογραφία του προέδρου από τα δημαρχιακά τους μέγαρα.

Λαικιστικές κινήσεις θα πει κανείς... Μα πώς μπορείς να καταπραΰνεις το αίσθημα ενός λαού που νοιώθει ότι πνίγεται καταρχήν από την απαράδεκτη λειτουργία των θεσμών και κατά δεύτερον από το φασισμό του χρηματοπιστωτικού κεφαλαίου, εκπρόσωπος του οποίου είναι και η Ευρωπαική Ένωση, που καταρρέει στην ιδέα και μόνο της αποχώρησης της Ιταλίας από το ευρώ;

Πόσο πιο εθνική μπορείς να κάνεις τη συνείδηση ενός λαού που βλέπει την οικονομία και την χώρα του να αποσυντίθενται, προς χάριν των σφαγέων τους.

Άλλαξαν τα πράγματα. Και οι σφαγείς των λαών σήμερα σφάζουν με τα spreads. Και αντίσταση σε αυτά αποτελεί η συσπείρωση των λαών γύρω από τα δικά τους εθνικά κεκτημένα.

Να τι πέτυχε τελικά το παγκόσμιο κεφάλαιο…

Αν το ελάχιστο εγγυημένο εισόδημα στους φτωχοποιημένους πολίτες , η μείωση της φορολογίας και η αντίσταση στις ιδιωτικοποιήσεις βασικών αγαθών, αποτελούν χαλαρή πολιτική για την «Δημοκρατία» του Βερολίνου, τότε αυτή δεν λογίζεται ως Δημοκρατία αλλά ως η χειρότερη τυραννία.

Και σαφώς υπάρχει η ανάλογη αντιμετώπιση.

Η έξοδος της Ιταλίας από το ευρώ είναι πιθανότερη και συντομότερη από ποτέ. Και οι αναταράξεις στην καρδιά της Ευρωπαικής Ένωσης θα είναι χειρότερες και από αυτές του BREXIT. Μερικές φορές νοιώθω, πως το ίδιο το σύστημα επιδιώκει με λυσσαλέο τρόπο την αυτοκαταστροφή του.

ΑΡΘΡΟ 7ο

ΣΧΗΜΑΤΙΣΜΟΣ ΚΥΒΕΡΝΗΣΗΣ ΣΤΗΝ ΙΤΑΛΙΑ

Και αφού ο Κάρλο Κοταρέλι στάθηκε αδύνατο να σχηματίσει κυβέρνηση, καθώς ήταν οφθαλμοφανές ότι δεν θα μπορούσε να πάρει ψήφο εμπιστοσύνης, επέστρεψε την εντολή στον Πρόεδρο Ματαρέλα και ανέλαβε εκ νέου να σχηματίσει κυβέρνηση ο επικεφαλής της συμμαχίας των Πέντε Αστέρων με την Λέγκα, Τζουσέπε Κόντε.

Αυτή τη φορά η κυβερνητική λίστα, μετά την διεθνή κατακραυγή του Προέδρου Ματαρέλα και την Ιταλία να οδεύει ακυβέρνητη σε νέες εκλογές, έγινε επιτέλους δεκτή...

Έτσι λοιπόν Πρωθυπουργός της Ιταλίας είναι και επίσημα πλέον ο Τζουζέπε Κόντε ενώ οι αρχηγοί των Πέντε Αστέρων και της Λέγκα, Λουίτζι Ντι Μάιο και Ματέο Σαλβίνι, θα είναι αντιπρόεδροι της κυβέρνησης και ταυτόχρονα υπουργοί Εσωτερικών και Εργασίας - αντίστοιχα.

Και τώρα θα αρχίσουν τα όργανα, καθώς η πρώτη ανακοίνωση της νέας κυβέρνησης ήταν ότι θα καταργήσει τη μεταρρύθμιση Ρέντσι για τα εργασιακά.

Η συγκεκριμένη μεταρρύθμιση την οποία πέρασε το 2015 ο Ματέο Ρέντσι , ένα σοσιαλιστής, υποτίθεται, πρωθυπουργός, προοιώνιζε την πιο σκληρή εργασιακή μεταρρύθμιση που θα ερχόταν στην πορεία με την κατάργηση της Γερουσίας, εάν κέρδιζε το δημοψήφισμα το 2016. Δεν το κέρδισε όμως...

Αυτή η μεταρρύθμιση λοιπόν έδινε φορολογικά κίνητρα στις επιχειρήσεις, προκειμένου να απολύουν τους εργαζόμενους τους και ΠΡΟΣΕΞΤΕ να προσλαμβάνουν καινούργιους με λιγότερο προστατευτικούς όρους στις συμβάσεις εργασίας!

Η Ευρωπαϊκή Ένωση, έχοντας ανατριχιάσει από αυτές τις εξελίξεις, απειλεί διαρκώς φέροντας ως παράδειγμα την Ελλάδα, ότι θα καταστείλει όλες τις κινήσεις που βάζουν σε κίνδυνο το ευρώ και τις χρηματοπιστωτικές αγορές.

Η Ιταλία όμως δεν είναι Ελλάδα , ούτε σε όγκο οικονομίας και πληθυσμού, ούτε σε όγκο ανατροπών που δεν δηλώνει μόνο αλλά πραγματοποιεί κιόλας.

Κι ο Γιούνγκερ τρέχει ανυπόληπτος να ενοχοποιήσει τους ευρωσκεπτικιστές, χωρίς να αντιλαμβάνεται ότι οξύνει ακόμη περισσότερο και απλώνει αυτή την τάση και σε άλλες χώρες.

Και αυτή η φασιστική μαριονέτα της Γερμανίας Γκίντερ Έτινγκερ, που εκπροσωπεί το λόμπυ των Γερμανών βιομηχάνων, διαμηνύει με υστερία «ΟΙ ΑΓΟΡΕΣ ΘΑ ΜΑΘΟΥΝ ΤΟΥΣ ΙΤΑΛΟΥΣ ΝΑ ΨΗΦΙΖΟΥΝ ΣΩΣΤΑ»...

Αυτή κύριες και κύριοι είναι η Ευρώπη... Αυτή που θα βάλει τις αγορές να κάνουν ΝΤΑ όποια χώρα προσπαθεί να ορθοποδήσει μόνη της, χωρίς να έχει για ΝΤΑΒΑΤΖΗ τον κανιβαλισμό των αγορών.

Έχουμε και τον Σόρος από την άλλη πλευρά, που έγινε δισεκατομμυριούχος από αυτά τα χρηματοπιστωτικά λόμπυ που προσπαθούν να κυβερνήσουν τον κόσμο, ο οποίος σπεύδει να δώσει επικοινωνιακές συμβουλές προκειμένου να πέσει η νεοσυσταθείσα κυβέρνηση στην Ιταλία ή να δωροδοκηθεί με την επιδότηση των μεταναστών. Πιστός στο ρόλο του ως διαλυτικό στοιχείο με σκοπό την αισχροκέρδεια τη δική του και αυτών που εκπροσωπεί και βρίσκονται στο παρασκήνιο.

Η πολιτική της λιτότητας, που έχει επιβληθεί από την ΕΕ, έχει επιφέρει τεράστιες κοινωνικές ανισότητες μεταξύ Βορά και Νότου και φτώχεια σε αρκετές χώρες της Ευρώπης. Αν αυτή δεν τροποποιηθεί το φαινόμενο του ντόμινο θα ξυπνήσει όλους τους λαούς της Ευρώπης από το λήθαργο και θα καταλάβουν ποιοι και γιατί κρύβονται πραγματικά πίσω από αυτό το οικοδόμημα.

Η Ιταλία, ιδρυτικό μέλος της ΕΕ, μέλος του ΝΑΤΟ και η Τρίτη μεγαλύτερη οικονομία της ευρωζώνης, θα απαιτήσει αν όχι επιβάλλει ριζοσπαστικές μεταρρυθμίσεις της οικονομικής πολιτικής που ακολουθεί η Ευρώπη.

Εάν η Ευρώπη συνεχίζει να κωφεύει, τότε θα στοχεύσει βαθιά στη διάλυσή της, που είναι η εγκατάλειψη του ευρώ.

Κατά τη γνώμη μου αυτό επιτάσσει η αληθινή Δημοκρατία να γίνει. Να σπάσει το κακό σπυρί. Να βγει όλο το πύον στην επιφάνεια. Και έστω και μέσα από την «καταστροφή» να βρουν οι λαοί την περπατησιά τους.

Οι σκλάβοι δεν έχουν κάτι παραπάνω να χάσουν από την ήδη χαμένη ελευθερία τους...

ΑΡΘΡΟ 8ο

ΚΡΙΣΗ ΣΤΗΝ ΙΣΠΑΝΙΑ

Κρίση έχουμε και στην Ισπανία. Προδιαγεγραμμένη ήταν και αυτή...

Κατέρρευσε η κυβέρνηση Ραχόι μετά από τρανταχτά σκάνδαλα διαφθοράς. Άνθρωπος του συστήματος καθαρά , αδιαφόρησε πλήρως για τη χώρα του.

Ακολουθώντας πιστά τις οδηγίες που του έδωσε η Διοίκηση της Ευρώπης, υλοποίησε όλες τις απεχθείς μεταρρυθμίσεις στην Ισπανία και έτσι επανήλθε στο πολιτικό προσκήνιο ως ένας αχυράνθρωπος που ουσιαστικά έκανε τη βρώμικη δουλειά.

Πολλοί σπεύδουν να υποστηρίξουν ότι ανάκαμψε η οικονομία της Ισπανίας κι ας έτρωγαν με χρυσά κουτάλια οι διεφθαρμένοι. Διότι αυτή είναι η λογική του συστήματος που μας κυβερνά, να δείξουμε σε αριθμούς ένα αποτέλεσμα που δεν πείθει κανέναν κι ας τρώνε πολιτικοί και πολιτικές το λαό.

Και οι αγορές φοβούνται να μην χαλάσει η σούπα. Έλα όμως που η σούπα χάλασε από τον διεφθαρμένο Ραχόι και το σινάφι του.

Τι σημαίνει αυτό;

Σημαίνει ότι οτιδήποτε δεν έχει τη σήμανση του δίκαιου για τους λαούς , μοιραία, είτε με τον έναν ή τον άλλο τρόπο δηλαδή, θα βγει στην επιφάνεια.

Και το αντιευρωπαικό μέτωπο στήνεται σιγά σιγά, όχι πλέον θεωρητικά, τότε που είχε χρόνο η ΕΕ να αλλάξει ρότα στις πολιτικές της. Ο ευρωσκεπτικισμός πλέον δεν αποτελεί μια μειονοτική πολιτικά ιδεολογία αλλά ένα πολιτικό κίνημα που τείνει να αναλάβει την εξουσία.

Η φτώχεια δεν έχει εγκαταλείψει την Ισπανία, όπως βιάζονται να καταθέσουν μερικοί, καθώς συγκαταλέγεται ανάμεσα στις χώρες όπου τα εργασιακά εισοδήματα είναι πολύ χαμηλά. ΦΤΩΧΕΙΑ σημαίνει κι αυτό, καθώς οι πολίτες μια χώρας δεν μπορούν να ανταπεξέλθουν στις βασικές υποχρεώσεις της αξιοπρεπούς συντήρησης του εαυτού τους και της οικογένειας τους.

Ο δείκτης «Working Poor» είναι αυτός που θα μας απασχολήσει πολύ τα επόμενα χρόνια, καθώς αποκαλύπτει τις προυποθέσεις της εργασιακής φτώχειας.

Αυτές είναι οι προυποθέσεις που προσπαθεί να επιβάλλει η ΕΕ στη Ελλάδα, στην Ιταλία, στη Ισπανία, στην Πορτογαλία ακόμη και στη Γαλλία αλλά και σε πολλές άλλες χώρες.

Συγκεκριμένα στην Ισπανία το ποσοστό αυτό της εργασιακής φτώχειας είναι 13.1% , το τρίτο κατά σειρά στην ΕΕ. Πρώτη είναι η Ρουμανία με 18,9% και δεύτερη η Ελλάδα με 14,1%. Στοιχεία Eurostat 2016.

Χαμηλοί μισθοί και απροστάτευτες συμβάσεις εργασίας. Ο κίνδυνος φτώχειας επηρεάζεται σε μεγάλο βαθμό και από το είδος σύμβασης εργασίας. Οι εργαζόμενοι, με μερική απασχόληση έχουν διπλάσιες πιθανότητες να κινδυνεύσουν από τη φτώχεια, ενώ οι εργαζόμενοι με προσωρινή απασχόληση έχουν τρεις φορές μεγαλύτερο ρίσκο.

Μήπως σας θυμίζει τις εργασιακές μεταρρυθμίσεις στην Ελλάδα αυτό; Αυτές που προσπαθεί να προωθήσει η ΕΕ σε όλο το σώμα της Ευρώπης;

Όταν το ταμείο διάσωσης της Ευρώπης δάνεισε στην Ισπανία 41 δισεκατομμύρια ευρώ για τη **διάσωση των τραπεζών** η ισπανική κυβέρνηση , σαν αντάλλαγμα, υλοποίησε μια σειρά μεταρρυθμίσεων με στόχο να γίνει η οικονομία πιο «αποτελεσματική» και «παραγωγική». Έτσι κι έγινε φθηνότερο το εργατικό κόστος, έτσι απέκτησε ευχέρεια το κράτος να κάνει έξωση με αμείωτο ρυθμό στους πολίτες υπό την παρουσία βαρυαρματωμένων αστυνομικών. Έτσι οξύνθηκε το φαινόμενο της φτώχειας και διογκώθηκε η εισοδηματική ανισότητα.

Για ποια οικονομία και για ποιους ρυθμούς ανάπτυξης μιλάμε;

Εξαιτίας όλων αυτών των καταστάσεων η Ισπανία έζησε την κρίση με την απόσχιση της Καταλονίας, όπως έχω περιγράψει αναλυτικά σε προηγούμενα άρθρα μου.

Η «θεραπεία» της οικονομίας της δηλαδή, μέσω των υποτιθέμενων μεταρρυθμίσεων, μετέφερε την κρίση αλλού, στην υπόσταση της ίδιας της χώρας μέσα και έξω...

Τι κι αν άλλαξε η κυβέρνηση της Ισπανίας λοιπόν, τι και ανέτρεψε τον Ραχόι ο σοσιαλιστής Πέδρο Σάντσεθ με μομφή στο ισπανικό κοινοβούλιο, εάν δεν αλλάξουν πολιτική απέναντι στο λαό τους, εάν δεν απεξαρτηθούν από το τέρας των αγορών που τις στηρίζει;

ΑΡΘΡΟ 9ο

ΕΠΙΜΗΚΥΝΣΗ ΤΟΥ ΧΡΕΟΥΣ

Ο Επίτροπος Πιερ Μοσκοβισί αποφάνθηκε ότι πρόκειται περί ιστορικής συμφωνίας για το ελληνικό χρέος και αυτό γιατί διασφάλισε –προσέξτε- όχι τους έλληνες αλλά την κρίση του ευρώ!

Δεν ξέρω αν πρέπει να γελάμε ή να κλαίμε...

Με βάση τη συμφωνία που επιτεύχθηκε, το χρέος θα επιμηκυνθεί κατά 10 χρόνια στα δάνεια ύψους 96 δισ. ευρώ της δεύτερης διάσωσης, ενώ θα υπάρξει περίοδος χάριτος 10 ετών, κατά τη διάρκεια της οποίας η χώρα δεν πληρώνει τόκους.

Και συνεχίζω, διότι έχει ακόμη περισσότερο ζουμί η συμφωνία.

Συμφωνήθηκε επίσης η επιστροφή κερδών των κεντρικών τραπεζών της Ευρωζώνης και της ΕΚΤ από ελληνικά ομόλογα που έχουν στην κατοχή τους. Τα κέρδη θα δίνονται σταδιακά, υπό το καθεστώς της ενισχυμένης επιτήρησης για την επίτευξη των δημοσιονομικών στόχων εν είδη μεταρρυθμίσεων.

Έτσι για να μας κρατάνε με το μαστίγιο και το καρότο...

Μεταξύ άλλων, από την τελευταία δόση που θα πάρουμε ύψους 15 δις ευρώ, 3,3δις ευρώ θα χρησιμοποιηθούν για να αποπληρωθεί προκαταβολικά το Διεθνές Νομισματικό Ταμείο –ΔΝΤ...

Και ότι μείνει θα το φάνε οι σκύλοι... Στους οποίους έχει αφαιρεθεί η δυνατότητα να ελέγχουν την οικονομία τους, να στηρίζονται στην δική τους παραγωγή η οποία γεννάει τα δημοσιονομικά έσοδα. Στους οποίους πέφτει το βάρος της φτώχειας, της ανεργίας, της εργασιακής φτώχειας, της συνταξιοδοτικής φτώχειας, της ασφαλιστικής φτώχειας και συμβιβάζονται με τις ελεημοσύνες, όχι για να δημιουργήσουν ανάπτυξη μέσω της αναβάθμισης του βιοτικού τους επιπέδου αλλά μέσω της διάσωσης του ευρώ!

Και συγκινήθηκε ο επικεφαλής του ΕΜΣ Κλάους Ρέγκλιγκ, θυμίζοντάς μας εκείνες τις «απαίσιες» νύχτες του 2015, που κλονίζονταν το ευρώ και η Ευρωπαική Ένωση, επειδή τόλμησε να υψώσει ο ελληνικός λαός τη φωνή του ενάντια στην κατεστημένη πολιτική της λιτότητας. Που κλονίζονταν οι καρέκλες όλων αυτών των παλιάτσων της Ευρώπης. Όλων αυτών που απαρτίζουν την καινούργια τάξη, τη γραφειοκρατική αστυνομία περιφρούρησης του συστήματος που υπηρετούν. Ενός συστήματος που καταπιέζει όλο τον κόσμο, με τους νταβατζήδες των οίκων αξιολόγησης που ανεβάζουν και ρίχνουν κυβερνήσεις μέσα από τις αγορές.

Και η επικεφαλής του ΔΝΤ Κριστίν Λαγκάρντ συγκινήθηκε επίσης , που ακριβώς ένα χρόνο πριν, αυτή και οι συνεργάτες της, χαρακτήριζαν το ελληνικό χρέος «εξαιρετικά μη βιώσιμο», ενώ σήμερα έγινε ξαφνικά βιώσιμο με την επιμήκυνση!

Πραγματική ελάφρυνση του χρέους, όπως έχω επισημάνει και αναλύσει διεξοδικά σε άρθρα και βιβλία μου, δεν σημαίνει ΕΠΙΜΗΚΥΝΣΗ αλλά ΑΠΟΜΕΙΩΣΗ. Μόνο έτσι μπορεί να καταστεί το χρέος βιώσιμο. Μόνο έτσι μπορούν να δημιουργηθούν κοινωνίες βιώσιμες.

Εκτός κι αν δεν μας ενδιαφέρει να χτιστούν κοινωνίες βιώσιμες. Κάτι που φαίνεται τελικά να μην αποτελεί κριτήριο ΣΕ ΚΑΜΙΑ ΣΥΜΦΩΝΙΑ ΜΕΧΡΙ ΣΗΜΕΡΑ.

Τώρα οι αλχημείες αυτές της επιμήκυνσης , προκειμένου να ξεμπερδεύουμε σύντομα με την Ελλάδα, διότι η Ευρώπη έχει να ασχοληθεί με σημαντικότερες προκλήσεις που απειλούν το ευρώ (βλέπε Ιταλία), μόνο σε καλά αποτελέσματα δεν μπορούν να οδηγήσουν.

Το όλο εγχείρημα μοιάζει, σαν να έχουμε στο σώμα μας έναν κακοήθη όγκο που αντί να τον αφαιρέσουμε τον βαφτίζουμε καλοήθη και παίρνουμε φάρμακα για να μην πονάμε. Και όταν κάνει μεταστάσεις στις γενιές που έρχονται τότε θα είμαστε όλοι : ΕΕ, Ευρωπαική Επιτροπή, ΕΚΤ, ΔΝΤ και Ελλάδα άμοιροι ευθυνών.

Μοιάζει με την εποχή που μπήκαμε στο ευρώ και νομίζαμε ότι εξευρωπαισθήκαμε και δανειζόμασταν ασύστολα πιστεύοντας ότι η πιστοληπτική ικανότητα είναι ομογενοποιημένη, ίδια για όλους δηλαδή. Μέχρι να συνειδητοποιήσουμε ότι η Ευρωπαική Ένωση δεν είναι ούτε σκοπεύει να γίνει μια δημοσιονομική ένωση, παρά είναι μια καθαρά νομισματική ένωση, ένα ΝΟΜΙΣΜΑΤΙΚΟ ΚΑΡΤΕΛ. Ένας αισχρός τοκογλύφος που όσα και να αποπληρώνεις θα σε κρατάει πάντα δέσμιο στην δύναμη του.

Ποια κοινωνική οικονομία, ποια αλληλεγγύη, ποια κράτη, ποιοι λαοί θα εξακολουθήσουν να υπάρχουν;

ΑΡΘΡΟ 10ο

ΜΑΥΡΗ ΕΠΕΤΕΙΟΣ ΘΑ ΓΙΝΕΙ Η 23η ΙΟΥΛΙΟΥ 2018

Τραγωδία τόσων νεκρών από πυρκαγιές, που ξέσπασαν σε παράλληλα μέτωπα στην Αττική, ημέρα Δευτέρα 23 Ιουλίου.

Εν έτη 2018 η πολιτεία παραμένει ακόμη ανοργάνωτη απέναντι στην απειλή των πυρκαγιών που αντιμετωπίζουμε τόσα χρόνια.

Αυτή τη φορά όμως, πέρα από την οικολογική καταστροφή που δημιούργησαν, κατέληξαν να είναι και θανατηφόρες. Αυτή τη φορά δεν εξυπηρέτησαν απλά συμφέροντα γης.

Δεν απαιτείται ιδιαίτερη φιλοσοφία για να καταλάβει κανείς ότι το φαινόμενο αυτό δεν προκλήθηκε από φυσική αιτία αλλά από ανθρώπινο χέρι, που σίγουρα εξυπηρετεί τους όποιους επιχειρούν να βάλουν τη χώρα σε περιπέτειες, προκειμένου να αποδείξουν πόσο αδύναμοι είμαστε...

Οι ευθύνες όμως είναι πρώτα δικές μας.

Οι πυρκαγιές αποτελούν χρόνια μάστιγα τους μήνες του καλοκαιριού και οι ελλείψεις του κεντρικού κράτους, καθώς και της τοπικής αυτοδιοίκησης είναι τεράστιες.

Παρότι ολόκληρη η Αττική κηρύχθηκε σε κατάσταση έκτακτης ανάγκης, πάρα πολλοί άνθρωποι εγκλωβίστηκαν είτε σε σπίτια είτε σε αυτοκίνητα και απανθρακώθηκαν, εκατοντάδες σπίτια κάηκαν, ενώ ολόκληρες περιοχές κινδύνευσαν με ολοκληρωτική καταστροφή.

Η 23η Ιουλίου ήταν ανάμεσα στις ημερομηνίες , που οι μετεωρολόγοι είχαν επισημάνει για επικράτηση καύσωνα και ισχυρών ανέμων. Ήταν υποχρεωτικό λοιπόν όλες οι αρμόδιες υπηρεσίες κεντρικές και τοπικές να βρίσκονται σε ετοιμότητα, όχι μόνο για την κατάσβεση δυνητικών πυρκαγιών , αλλά καταρχήν για την πρόληψη τους.

Αυτό επιτυγχάνεται με την συντονισμένη συνεργασία κεντρικού και τοπικού κράτους και δεν επικεντρώνεται μόνο στην δημιουργία αντιπυρικών ζωνών και την σχετική προστασία τους.

Απαιτείται ένας ευρύτερος στρατηγικός σχεδιασμός που αφορά την εκπαίδευση αρμόδιων υπαλλήλων, εθελοντών και κατοίκων της περιοχής όχι μόνο ως προς τη δασοπυρόσβεση, ΑΛΛΑ ΕΠΑΝΩ ΣΤΙΣ ΤΑΚΤΙΚΕΣ ΑΜΕΣΗΣ ΚΑΙ ΟΜΑΛΗΣ ΕΚΚΕΝΩΣΗΣ ΣΠΙΤΙΩΝ ΚΑΙ ΑΥΤΟΚΙΝΗΤΩΝ ΚΑΙ ΔΙΑΦΥΓΗΣ ΤΩΝ ΠΥΡΟΠΛΗΚΤΩΝ ΕΙΤΕ ΠΡΟΣ ΑΦΑΛΗ ΚΑΤΑΦΥΓΙΑ ΕΙΤΕ ΠΡΟΣ ΤΗ ΘΑΛΑΣΣΑ, με στόχο να αποφευχθούν οι ανθρώπινες απώλειες.

Απαιτείται δημιουργία ηγετικών ομάδων εκπορευόμενων από τους εθελοντές και τους κάτοικους της κάθε περιοχής , που θα μπορούν να πάρουν πρωτοβουλίες όταν οι πυροσβεστικές δυνάμεις δεν μπορούν ή δεν επαρκούν να προσεγγίσουν τα σημεία, προκειμένου να λειτουργήσει ο κώδικας ΑΠΕΓΚΛΩΒΙΣΜΟΣ- ΔΙΑΣΩΣΗ- ΕΚΚΕΝΩΣΗ- ΔΙΑΦΥΓΗ ΠΡΟΣ ΑΣΦΑΛΗ ΣΗΜΕΙΑ. ΑΥΤΟ ΣΗΜΑΙΝΕΙ ΕΚΠΑΙΔΕΥΣΗ ΗΓΕΤΙΚΩΝ ΟΜΑΔΩΝ ΕΠΑΝΩ ΣΤΗΝ ΑΥΤΟΟΡΓΑΝΩΣΗ.

Επίσης σε περιοχές επικίνδυνες για εμπρησμό θα πρέπει να σχεδιασθούν, με βάση τα ιστορικά στοιχεία πυρκαγιών, και να δημιουργηθούν πυροπροστατεύομενα καταφύγια ικανοποιητικού πλάτους για την διαφυγή των ατόμων.

Έτσι θα αποφευχθεί το φαινόμενο της επικράτησης χάους με συνέπεια τον αποπροσανατολισμό ανθρώπων και ζώων.

Ειδικά σε αυτές τις περιπτώσεις η ολοκληρωμένη οργάνωση είναι αυτή που σώζει. Και αυτή δεν αφορά μόνο το κράτος κεντρικό ή τοπικό αλλά και τους εν λόγω πληθυσμούς, που όμως θα αυτοοργανωθούν με εκπαίδευση από το ίδιο το κράτος και την τοπική αυτοδιοίκηση για να μπορούν να δρουν με γνώση και σαφή προσανατολισμό.

Έτσι θα επιτευχθεί η ομογενοποιημένη αντιμετώπιση μιας κρίσης και δεν θα επικρατεί αλαλούμ.

Έτσι θα μπορεί ο κόσμος να καθοδηγηθεί, μέσα από τον ίδιο τον κόσμο.

Το πρόγραμμα CRISIS MANAGEMENT ή αλλιώς ΔΙΑΧΕΙΡΙΣΗ ΚΡΙΣΗΣ δεν συνίσταται μόνο για την αντιμετώπιση της κρίσης , αλλά και για την πρόληψή της, για αυτό και δεν συμπεριλαμβάνει μόνο τους αρμόδιους θεσμικά φορείς ή πρόσωπα αλλά και τα ίδια τα υποψήφια θύματα.

Σε αυτόν το σχεδιασμό, τα MEDIA μπορούν να παίξουν κυρίαρχο ρόλο, όχι με την διασπορά του πανικού , προκειμένου για την τηλεθέαση ή την εξυπηρέτηση οποιουδήποτε άλλου πολιτικού σκοπού, αλλά με την χρήση και την ανακοίνωση του ίδιου πληροφοριακού υλικού που χρησιμοποιούν όλες οι παραπάνω εμπλεκόμενες ομάδες στο πρόγραμμα.

Άρα λοιπόν τα MEDIA , όπως μεταδίδουν τον λόγο του πρωθυπουργού ή της αντιπολίτευσης ή άλλων θεσμικών παραγόντων με ακρίβεια - που σε τελική ανάλυση δεν έχουν πρακτική ωφέλεια – θα πρέπει να μεταδίδουν με μεγαλύτερη ακόμη ακρίβεια τις ομογενοποιημένες τις ίδιες δηλαδή οδηγίες σχετικά με την καθοδήγηση του κόσμου.

Για αυτό το λόγο θα πρέπει και τα MEDIA να διαθέτουν στελέχη τους , που να εκπαιδεύονται με τον ίδιο ακριβώς τρόπο να μεταδίδουν την ίδια ακριβώς πληροφορία όπως και οι υπόλοιποι.

Μόνο με την ομογενοποίηση και την επανάληψη της σωστής πληροφορίας μπορούμε να επιφέρουμε τα μέγιστα δυνατά αποτελέσματα στην αντιμετώπιση μιας κρίσης.

Επίσης, χώρες όπως η Ελλάδα που στηρίζουν την οικονομία τους στο ξένο και τον ντόπιο τουρισμό εξαιτίας του πράσινου και της θάλασσας, θα πρέπει να εξοπλίζονται ικανοποιητικά με πυροσβεστικά οχήματα και πυροπροστατεύομενα καταφύγια.
Διότι, οι εικόνες που μετέδιδαν οι τηλεοράσεις και το internet με τον κόσμο στη θάλασσα –όσων κατάφεραν να φθάσουν στη θάλασσα- θυμίζουν πολύ τις εικόνες με τους πρόσφυγες που στοιβάζονται στις παραλίες μας αβοήθητοι.

Διότι, όλοι, έρμαια ενός πολέμου δίχως τέλος είμαστε τελικά...

Αυτό συμβαίνει κυρίες και κύριοι όταν ο άνθρωπος γίνεται κανίβαλος.

Και από εδώ και έπειτα θα πρέπει να καταγράψουμε την έμπρακτη βοήθεια στην αποκατάσταση των πληγέντων από τους υποτιθέμενους συμμάχους, βλέπε Ευρωπαική Ένωση.

Πέρα από την κήρυξη όλων αυτών των περιοχών ως αναδασωτέες και χωρίς αλλαγές στη χρήση γης, θα πρέπει να καταγραφούν οι ζημιές σε εισόδημα και υποδομές και να αποζημιωθούν στο 100% οι πληγέντες.

Για να δούμε λοιπόν, τι είναι διατεθειμένη να κάνει για μας η «οικογένεια» που μας ρουφάει μέχρι τώρα το αίμα;

Γιατί, εάν επρόκειτο για τράπεζες, θα είχαν καταφτάσει ήδη καναντέρ από το ΔΝΤ και τη Γερμανία, ενώ στα πυροσβεστικά θα κρατούσαν τις μάνικες η Λαγκάρντ , η Μέρκελ, ο Ντράγκι , ο Μοσκοβισί, ο Ρέγκλιγκ και οι λοιποί σφουγγοκωλάριοι. Ο Γιούνκερ θα αναλάμβανε το ρόλο του εμψυχωτή αυτής της φαρσοκωμωδίας…

ΑΡΘΡΟ 11⁰
Η ΠΡΑΓΜΑΤΙΚΗ ΑΝΕΡΓΙΑ ΣΤΗΝ ΕΛΛΑΔΑ

Στο 30% φθάνει η ανεργία στην Ελλάδα. Πιο συγκεκριμένα, η έκθεση του Ινστιτούτου Εργασίας ΙΝΕ/ΓΣΕΕ : «Η Ελληνική Οικονομία και η Απασχόληση – Ετήσια Έκθεση 2017», με βάση δημοσιευμένα στοιχεία της ΕΛΣΤΑΤ για το γ΄τρίμηνο του 2016 – «Έρευνα Εργατικού Δυναμικού», παρουσιάζει την ανεργία στο 29,6%.

Και δυστυχώς επαληθεύομαι, διότι καιρό τώρα αναφέρω στα άρθρα, στα βιβλία και στις συνεντεύξεις μου, ότι το ποσοστό της ανεργίας έχει πλησιάσει αν όχι ξεπεράσει το 40%. Και αυτό συμβαίνει διότι πάρα πολλοί ελεύθεροι επαγγελματίες και επιχειρηματίες έχουν κλείσει τις επιχειρήσεις τους κατά τα χρόνια της κρίσης και δεν είναι εγγεγραμμένοι στα μητρώα του ΟΑΕΔ , καθώς δεν παρέχεται επίδομα ανεργίας για αυτή την κατηγορία.

Οι μετρήσεις έγιναν με βάση τους ενισχυμένους δείκτες ανεργίας που χρησιμοποιεί το Bureau of Labor Statistics (BLS) των ΗΠΑ (US Department of Labor). Οι δείκτες του BLS αναδεικνύουν τις σημαντικότερες διαρθρωτικές αλλαγές στην αγορά εργασίας τόσο από την πλευρά της συντήρησης και του βιοτικού επιπέδου των εργαζομένων όσο και από την πλευρά σημαντικών ομάδων του εργατικού δυναμικού που διογκώθηκαν και εξακολουθούν να διογκώνονται στη διάρκεια της κρίσης και βρίσκονται στην ασαφή ζώνη μεταξύ απασχόλησης και ανεργίας.

- Δείκτης U3 - Ποσοστό Ανέργων : Ο δείκτης αυτός μετράει το λόγο των ανέργων ως ποσοστό του εργατικού δυναμικού. Είναι ο δείκτης ανεργίας που χρησιμοποιείται συνήθως, ο οποίος όμως υιοθετεί κυρίως την οπτική των συμφερόντων των επιχειρήσεων, διότι αναφέρεται στη διαδικασία παραγωγής και στην αξιοποίηση του κεφαλαίου. Αυτός ο δείκτης για την Ελλάδα το γ΄ τρίμηνο του 2016 διαμορφώθηκε στο 22,6%.

- Δείκτης U4 – Ποσοστό Ανέργων και Αποθαρρυμένων : Ο δείκτης αυτός μετράει το λόγο των ανέργων και των αποθαρρημένων ως ποσοστό του εργατικού δυναμικού. Σε αντίθεση με το ποσοστό ανεργίας U3, το ποσοστό U4 λαμβάνει υπόψη το φαινόμενο της αποθάρρυνσης μιας μερίδας ανέργων, οι οποίοι δεν καταγράφονται ως τέτοιοι από την Έρευνα Εργατικού Δυναμικού. Αποθαρρημένοι άνεργοι είναι οι άνεργοι που δεν αναζητούν απασχόληση, αλλά θα ήθελαν να έχουν εργασία και είναι διατεθειμένοι να την αναλάβουν μέσα στις δύο επόμενες εβδομάδες. Αυτός ο δείκτης για την Ελλάδα το γ΄τρίμηνο του 2016 διαμορφώθηκε στο 24,22%.

- Δείκτης U5 – Επαυξημένο Ποσοστό Ανεργίας : Ο δείκτης αυτός μετράει το λόγο των ανέργων, των αποθαρρημένων και του λοιπού εν δυνάμει πρόσθετου εργατικού δυναμικού ως ποσοστό του εργατικού δυναμικού. Το λοιπό εν δυνάμει πρόσθετο εργατικό δυναμικό είναι κυρίως άτομα που αναζητούσαν εργασία κατά τον τελευταίο μήνα, αλλά δεν ήταν διαθέσιμα να αναλάβουν εργασία μέσα στις επόμενες δύο εβδομάδες.

- Τέταρτος και σημαντικότερος δείκτης, ο δείκτης U6 - Ποσοστό ανέργων, αποθαρρημένων και υποαπασχολούμενων: Ο δείκτης αυτός μετράει το λόγο των ανέργων, των αποθαρρημένων ανέργων, του λοιπού εν δυνάμει πρόσθετου εργατικού δυναμικού και της μη ηθελημένης μερικής απασχόλησης ως ποσοστό του εργατικού δυναμικού. Ο U6 είναι δείκτης ιδιαίτερα χρήσιμος, καθώς αναφέρεται σε μια διευρυμένη έννοια του εργατικού δυναμικού και περιγράφει την έκταση της ανεργίας από την πλευρά της κοινωνικής αναπαραγωγής και των κοινωνικών επιπτώσεων της ανεργίας. Ο δείκτης αυτός για την Ελλάδα το γ΄ τρίμηνο του 2016 διαμορφώθηκε στο 29,6%.

Η ακούσια υποαπασχόληση και οι αποθαρρημένοι άνεργοι είναι δύο ομάδες του εργατικού δυναμικού που υπήρχαν μεν πριν το 2008, αλλά με περιορισμένη επίδραση στην κατάσταση της αγοράς εργασίας. Στη διάρκεια της κρίσης αναδείχθηκαν σε σημαντικές ομάδες του εργατικού δυναμικού και αποτυπώνουν τις επιπτώσεις της κρίσης και της απορρύθμισης στην ποιότητα της εργασίας και στο βιοτικό επίπεδο της ελληνικής κοινωνίας.

Σημαντικό επίσης πρόβλημα της αγοράς εργασίας στην Ελλάδα είναι το ποσοστό των μακροχρόνια ανέργων - άνω του ενός έτους - στο σύνολο των ανέργων, το οποίο υπερβαίνει το 70% !

Οι επιπτώσεις της μακροχρόνιας ανεργίας στο βιοτικό επίπεδο είναι σημαντικές, καθώς η πλειονότητα των ανέργων μένει εκτός της αγοράς εργασίας για μεγάλο χρονικό διάστημα και συνεπώς δεν έχει πρόσβαση στο επίδομα ανεργίας. Επιπλέον, η παρατεταμένη παραμονή των ανέργων εκτός της αγοράς εργασίας οδηγεί σε ταχύτατη απαξίωση των δεξιοτήτων τους, εξέλιξη που καθιστά την ανεργία διαρθρωτικό πρόβλημα.

Από την έρευνα προκύπτει επίσης ότι το ποσοστό ανεργίας εμφανίζεται σημαντικά υψηλότερο στις γυναίκες 27,2% σε σχέση με τους άνδρες 18,9% και στις νεότερες ηλικίες σε σχέση με τις γηραιότερες. Ειδικότερα, η ανεργία στην ηλικιακή ομάδα 15-24 ετών βρίσκεται στο 44,2%, στην ηλικιακή ομάδα 25-29 ετών στο 33,2%, στην ηλικιακή ομάδα 30-44 ετών στο 21,5%, στην ηλικιακή ομάδα 45-64 ετών στο 18,5% και τέλος στην ηλικιακή ομάδα 65-74 στο 13%, ενώ το επίπεδο εκπαίδευσης έχει μικρή επίδραση στο επίπεδο της ανεργίας.

Τι σημαίνει αυτό;

Σημαίνει ότι στην ηλιακή ομάδα 25-29, την πιο δυναμική ηλικιακά ομάδα, κανέναν απολύτως ρόλο δεν παίζουν τα πτυχία και γενικότερα η μόρφωση προκειμένου να ενταχθούν στο εργασιακό δυναμικό της χώρας.

Αυτό είναι σημάδι παρακμής στην αγορά εργασίας μιας χώρας - το να μπορεί δηλαδή η οικονομία της να απορροφά μόνο ανειδίκευτους εργάτες - αυτό έχει άμεση επιρροή επίσης στη διάρθρωση των τάξεων. Έτσι καταλήγει μια χώρα να παράγει περισσότερους φτωχότερους και λιγότερους πλουσιότερους.

Το υψηλό επίπεδο ανεργίας στα υψηλά μορφωτικά στρώματα αποτελεί επίσης ένδειξη της χαμηλής διαρθρωτικής ανταγωνιστικότητας της οικονομίας αλλά και του ότι οι πολιτικές που στοχεύουν στην προσφορά εργασίας (π.χ. προγράμματα κατάρτισης) δεν εξασφαλίζουν τη μείωση της ανεργίας.

Για αυτό και η μετανάστευση έγινε πιο έντονη από ποτέ...

Που να μετρήσουμε και αυτόν τον πληθυσμό, ως κανονικά οφείλουμε, στον δείκτη συνολικής ανεργίας, καθώς η οικονομία θα έπρεπε να μπορεί να προσφέρει θέσεις εργασίας για όλους.

Σε επίπεδο Αποκεντρωμένης Διοίκησης, τα υψηλότερα ποσοστά εμφανίζονται στη Δυτική Μακεδονία (29,8%) και ακολουθούν η Δυτική Ελλάδα (29,2%), η Θεσσαλία (24,8%), η Στερεά Ελλάδα (24,2%), η Κεντρική Μακεδονία (23,8%), η Ήπειρος (23,5%), η Αττική (22,8%), η Ανατολική Μακεδονία και Θράκη (22,3%), η Κρήτη (19,2%), το Βόρειο Αιγαίο (17,8%), η Πελοπόννησος (17,6%), το Νότιο Αιγαίο (13%) και τέλος το Ιόνιο (12,1%).

Συμπερασματικά, οι τουριστικές και αγροτικές οικονομίες ανοίγουν περισσότερες θέσεις εργασίας, καθώς παρουσιάζουν μικρότερα ποσοστά ανεργίας. Ότι έχει απομείνει όρθιο δηλαδή.

Όλα αυτά είναι αποτέλεσμα της πολιτικής λιτότητας, της μείωσης των κοινωνικών δαπανών και της υπερφορολόγησης, που αντί να καθιστούν το χρέος βιώσιμο, βαθαίνουν τις κοινωνικές και οικονομικές ανισότητες και καθιστούν τον απλό πολίτη και τις εθνικές επιχειρήσεις ανήμπορες να ανταπεξέλθουν στις υποχρεώσεις τους.

Με ποια λογική λοιπόν μπορεί να καταστεί το χρέος βιώσιμο; Με αυτή του δανεισμού που δεν μπορεί αντικειμενικά να αποπληρωθεί, καθώς δεν αντιστοιχεί σε πραγματικά εισοδήματα;

Τα υψηλά πρωτογενή πλεονάσματα που στόχο έχουν την μεγέθυνση της οικονομίας θα επηρεάσουν τόσο αρνητικά τη φοροδοτική ικανότητα των νοικοκυριών και των εθνικών επιχειρήσεων, τη δυνατότητα κάλυψης των δανειακών τους υποχρεώσεων και την ανεργία, που αντί να δημιουργήσουν ευημερία θα δημιουργήσουν τέτοια παλιρροιακή δίνη που θα καταγραφεί ως η μαύρη τρύπα στην ιστορία μας...

Αν αυτό που μας ενδιαφέρει είναι να δημιουργήσουμε ποταμό υποχρεώσεων και να δημεύσουμε ή να εκχωρήσουμε την ιδιωτική περιουσία του άνεργου, του αποθαρρυμένου, του φτωχού, του υποαπασχολούμενου, του έλληνα επιχειρηματία που ο τζίρος του τροφοδοτεί την ελληνική οικονομία και τα κέρδη του ανακυκλώνονται στην ελληνική αγορά σε αντίθεση με τον πολυεθνικό επιχειρηματία, τότε ας πούμε την αλήθεια στο λαό ότι ΕΚΠΛΕΙΣΤΗΡΙΑΖΟΥΜΕ ΤΟ ΕΘΝΟΣ ΜΑΣ...

ΑΡΘΡΟ 12⁰

Η ΠΑΓΚΟΣΜΙΑ ΕΠΙΧΕΙΡΗΣΗ ΚΑΤΑΝΑΓΚΑΣΤΙΚΗΣΕΡΓΑΣΙΑΣ

Η εποχή της παγκοσμιοποίησης χαρακτηρίστηκε από την ανάπτυξη του μεγάλου πολυεθνικού λιανικού εμπορίου, με στόχο την αύξηση της κατανάλωσης σε όλα τα κοινωνικά και εισοδηματικά στρώματα.

Έτσι δημιουργήθηκαν μοντέλα επιχειρήσεων μαζικής και φθηνής παραγωγής, προκειμένου για την επέκταση της μαζικής φθηνής κατανάλωσης, που θα απόφερε τεράστια έσοδα στα ταμεία των μεγάλων πολυεθνικών, που ποτέ δεν θα μοιραζόντουσαν όμως ούτε με τους εργαζόμενους τους, ούτε με τους καταναλωτές , ούτε και με τα ίδια τα κράτη από τα οποία προέρχονται οι μέτοχοι τους, καθώς αυτά καταλήγουν όλα σε φορολογικούς παραδείσους.

Σύμφωνα με έκθεση της καθηγήτριας Genevieve LeBaron που δημοσιεύθηκε το 2018 από το SPERI. –SHEFFIELD POLITICAL ECONOMY RESEARCH INSTITUTE- ΠΟΛΙΤΙΚΟ & ΟΙΚΟΝΟΜΙΚΟ ΙΝΣΤΙΤΟΥΤΟ ΕΡΕΥΝΑΣ SHEFFIELD, η εργασιακή εκμετάλλευση, συμπεριλαμβανομένης της καταναγκαστικής εργασίας, είναι ενδημική στη βάση των παγκόσμιων αλυσίδων εφοδιασμού με τσάι και κακάο.

Η έκθεση βασίζεται σε μια πρότυπη διεθνή ερευνητική μελέτη που αναλύει τα επιχειρηματικά μοντέλα της καταναγκαστικής εργασίας στις παγκόσμιες αλυσίδες εφοδιασμού αγροτικών προϊόντων, κυρίως κακάο και τσαγιού, και την αναποτελεσματικότητα των βασικών επιχειρηματικών και κυβερνητικών πρωτοβουλιών για την καταπολέμησή της.

Μέσα από πρωτογενή έρευνα στη βιομηχανία κακάου στην Γκάνα και την βιομηχανία τσαγιού στην Ινδία, περιγράφονται λεπτομερώς οι συνθήκες καταναγκαστικής εργασίας στις αλυσίδες εφοδιασμού της γεωργίας που τροφοδοτούν τις αγορές του Ηνωμένου Βασιλείου.

Στην έρευνα συμμετείχαν περισσότεροι από 120 εργαζόμενοι, από δείγμα 1000 εργαζομένων σε 22 φυτείες τσαγιού στην Ινδία και 74 κοινότητες κακάου στη Γκάνα, και πάνω από 100 επιχειρηματίες και φορείς της κυβέρνησης, συμπεριλαμβανομένων των διευθυντών φυτεύσεων τσαγιού και κακάου, αγοραστών, μεγάλων πολυεθνικών επιχειρήσεων ποτών και ζαχαροπλαστικής και εμπειρογνωμόνων εταιρικής κοινωνικής ευθύνης.

Η έρευνα επικεντρώνεται σχεδόν εξ ολοκλήρου στις μεγάλες επιχειρήσεις μάρκας στην κορυφή της αλυσίδας εφοδιασμού, και όχι στα εργοτάξια που αναπτύσσουν και διαχειρίζονται την αναγκαστική εργασία και εκμετάλλευση, η οποία συνήθως περιλαμβάνει πολύ μικρότερους και πιο ανεπίσημους επιχειρηματικούς παράγοντες.

Οι επιχειρήσεις τσαγιού και κακάου επωφελούνται από την καταναγκαστική εργασία και την εκμετάλλευση ως εξής:

Οι εργοδότες χρησιμοποιούν καταναγκαστική εργασία για να μειώσουν το κόστος της παραγωγής και να οικειοποιηθούν την υπεραξία της εργασίας. Η έρευνά μας αποκαλύπτει ότι οι εργοδότες υποπληρώνουν συστηματικά τους εργαζόμενους, ενώ υποχρεούνται να παρέχουν βασικές υπηρεσίες για τους εργαζομένους τσαγιού και τις οικογένειές τους μέσω μόνιμων συμβάσεων εργασίας. Το 47% των εργαζομένων σε τσάι δεν έχουν πρόσβαση στο πόσιμο νερό ενώ το 26% των εργαζομένων δεν έχουν πρόσβαση σε τουαλέτα. Οι περισσότεροι εργάτες τσαγιού ανέφεραν ότι χρεώνονται για να πληρώσουν το φαγητό ή την ιατροφαρμακευτική περίθαλψη, αγαθά τα οποία οι εργοδότες βάση νόμου υποχρεούνται να παρέχουν.

Στη βιομηχανία κακάο, οι εργοδότες επιδιώκουν να μειώσουν το κόστος παραγωγής μέσω ενός πολύπλοκου συστήματος οικονομικών υπολογισμών, συμπεριλαμβανομένων προστίμων για μη εκτέλεση υποχρεωτικής απλήρωτης εργασίας (αν οι εργαζόμενοι αντιδράσουν στην ακούσια εργασία , τότε γίνονται παρακρατήσεις από τους μισθούς, επιβάλλονται πρόστιμα, ή απειλούνται ακόμη και με απόλυση), τελών για την απόκτηση εργασίας σε μια εκμετάλλευση κακάου, και μειώσεων για δαπάνες εισροών όπως τα φυτοφάρμακα και τον εξοπλισμό ασφαλείας.

Έτσι εκμεταλλεύονται συστηματικά τους εργαζόμενους και δημιουργούν συνθήκες δουλείας. Και στις δύο αυτές βιομηχανίες, κακάο και τσαγιού, οι εκτεταμένες μορφές εκμετάλλευσης συνοδεύονται αρκετές φορές από σωματική βία, απειλές, λεκτική ή και σεξουαλική βία.

Η μελέτη διαπίστωσε επίσης, ότι τα προεξάρχοντα συστήματα ηθικής πιστοποίησης αποτυγχάνουν να δημιουργήσουν περιβάλλοντα εργασίας που είναι απαλλαγμένα από εκμετάλλευση και καταναγκαστική εργασία.

Σύμφωνα με την Genevieve LeBaron, τα προϊόντα τσαγιού και κακάου είναι βασικά είδη οικιακής χρήσης που κατασκευάζονται και πωλούνται από τις μεγαλύτερες μάρκες παγκοσμίως. Αλλά για να βάλουν αυτά τα προϊόντα οι εταιρίες στα ράφια μας εκμεταλλεύονται ιδιαίτερα τους εργαζόμενους τους, οι οποίοι ζουν πολύ κάτω από το όριο της φτώχειας.

Δυστυχώς, έχουν δημιουργηθεί ευρέως διαδεδομένα πρότυπα κατάχρησης της εργασίας στις αλυσίδες εφοδιασμού τσαγιού και κακάου, που τροφοδοτούν τις αγορές του Ηνωμένου Βασιλείου. Οι χαμηλές τιμές και οι ανεύθυνες πρακτικές προμήθειας δημιουργούν υψηλά κέρδη για τις επιχειρήσεις λιανικής και εμπορικής επωνυμίας, το οποίο αλυσιδωτά δημιουργεί μια ισχυρή και συστηματική ζήτηση για φθηνή και καταναγκαστική εργασία.

Παρόλο που οι επιχειρήσεις σοκολάτας και τσαγιού είναι ιδιαίτερα κερδοφόρες, οι εργαζόμενοι στη βάση των αλυσίδων εφοδιασμού ζουν πολύ κάτω από το όριο της φτώχειας. Οι μισθοί στην Ινδία είναι περίπου 25% του ορίου της φτώχειας ενώ οι μισθοί των εργαζομένων σε κακάο στη Γκάνα είναι περίπου 30% του ορίου της φτώχειας.

Το 40% των εργαζομένων τσαγιού υπέστηκαν αθέμιτες εκπτώσεις στους μισθούς τους.

Το 47 % δεν είχαν πρόσβαση σε νερό που είναι ασφαλές για κατανάλωση.

Το 23% των εργαζομένων σε κακάο είχαν εκτελέσει εργασία για την οποία δεν πληρώθηκαν.

Το 95% των εργαζομένων σε κακάο δεν ήξεραν αν η επιχείρηση στην οποία εργαζόταν ήταν πιστοποιημένη ή όχι.

Οι αλυσίδες εφοδιασμού τσαγιού και κακάου καλύπτονται από γνωστά συστήματα δεοντολογικού ελέγχου και πιστοποίησης, τα οποία καθορίζουν πρότυπα για τους εργαζόμενους γύρω από τις βασικές υπηρεσίες, τη δίκαιη μεταχείριση, τους μισθούς και το χρέος, την υγεία και την ασφάλεια, καθώς και τα δικαιώματα των εργαζομένων. Η έρευνα διαπίστωσε ότι αυτά τα συστήματα αποτυγχάνουν να αποτρέψουν την εργασιακή εκμετάλλευση και τα πρότυπα παραβιάζονται συνήθως από τους εργοδότες.

Η μελέτη περιελάμβανε φυτείες τσαγιού που πιστοποιήθηκαν από την Fairtrade, την Rainforest Alliance, την Ethical Trade Partnership και την Trustea, καθώς και τους παραγωγούς κακάου που είναι μέλη του Fairtrade και του συνεργάτη με πιστοποίηση UTZ, του Kuapa Kokoo.

Στη βιομηχανία τσαγιού παρατηρήθηκε μικρή διαφορά στα εργασιακά πρότυπα, συμπεριλαμβανομένων των μισθολογικών επιπέδων, μεταξύ πιστοποιημένων και μη πιστοποιημένων φυτειών τσαγιού, με τις πιστοποιημένες φυτείες να επιβαρύνονται χειρότερα από τις μη πιστοποιημένες φυτείες με βάση τους δείκτες κατάχρησης της εργασίας και άδικης μεταχείρισης.

Οι εργαζόμενοι ανέφεραν χαρακτηριστικά, ότι τους έχει δοθεί εντολή να αλλάζουν τις πρακτικές εργασίας τους, προκειμένου να ανταποκρίνονται στα πρότυπα κατά τη διάρκεια των ελέγχων, αλλά την επόμενη κιόλας μέρα καλούντο να επανέλθουν στο σπάσιμο των προτύπων, υποδεικνύοντας έτσι ότι οι εταιρίες εξαπατούν ελέγχους και επιθεωρήσεις.

Η εκμετάλλευση αυτή είναι αποτέλεσμα του τρόπου με τον οποίο οργανώνονται οι παγκόσμιες αλυσίδες εφοδιασμού γεωργικών προϊόντων.

Η εκμετάλλευση αυτή είναι αποτέλεσμα της σύγχρονης παγκόσμιας οικονομίας που λειτουργεί πάνω σε μια βασική φόρμουλα:

Μεγαλύτερο Κέρδος = Μεγαλύτερη Μαζική Κατανάλωση – Χαμηλότερο Κόστος Παραγωγής. Μονάδες μετρήσιμες άραγε σε χρήματα ή σε ΑΝΘΡΩΠΟΘΥΣΙΕΣ;

ΑΡΘΡΟ 13°
Η ΔΗΜΟΣΙΟΝΟΜΙΚΗ ΚΑΤΑΣΤΑΣΗ ΣΤΗΝ ΕΛΛΑΔΑ

Σύμφωνα με την έκθεση του Ινστιτούτου Εργασίας της ΙΝΕ-ΓΣΕΕ - «Η Ελληνική Οικονομία και η Απασχόληση – Ετήσια Έκθεση 2018», η ελληνική οικονομία έχει πλέον εξέλθει από το καθεστώς υψηλών δημοσιονομικών ανισορροπιών, αλλά με μη βιώσιμο και μη διατηρήσιμο τρόπο. Τα διαθέσιμα στοιχεία δείχνουν ότι από το 2014 καταγράφεται μια αλλαγή του μείγματος της δημοσιονομικής προσαρμογής με το μεγαλύτερο μέρος αυτής να προέρχεται πλέον από το σκέλος των εσόδων.

Αξιοσημείωτο είναι ότι την περίοδο 2014-2016 η βελτίωση των δημόσιων εσόδων στηρίχτηκε κατά κύριο λόγο στην αύξηση των έμμεσων φόρων. Σημειώνεται ότι το διάστημα Ιανουάριος-Δεκέμβριος 2017 οι έμμεσοι φόροι αντιστοιχούσαν στο 56,6% των φορολογικών εσόδων του κράτους, έναντι 54% το 2016.

Διότι η Ελλάδα συνέχισε να βρίσκεται και το 2017 σε καθεστώς επιτήρησης και αυστηρής δημοσιονομικής προσαρμογής του τρίτου ΠΟΠ και έτσι παρά το υψηλό πρωτογενές πλεόνασμα, το πλαίσιο διαχείρισης των δανειακών υποχρεώσεων της χώρας στηρίχτηκε και το 2017 σε νέο δανεισμό.

Σύμφωνα με την τελευταία κοινοποίηση της ΕΛΣΤΑΤ, το χρέος της Γενικής Κυβέρνησης ανήλθε το γ΄ τρίμηνο του 2017 στα 313,5 δισ. ευρώ, σημειώνοντας αύξηση 2,2 δισ. ευρώ έναντι του αντίστοιχου τριμήνου το 2016.

Παρατηρούμε ότι κύριος υπεύθυνος για τη διατήρηση του ποσοστού του χρέους την περίοδο 2013-2017 σε υψηλά επίπεδα είναι η εξέλιξη του ΑΕΠ. Τα στοιχεία υποδεικνύουν την αποτυχία των εφαρμοζόμενων πολιτικών λιτότητας να συμβάλουν στην αντιμετώπιση της κρίσης χρέους. Υπογραμμίζουν επίσης την κρισιμότητα αλλαγής του υποδείγματος οικονομικής πολιτικής προκειμένου να αντιστραφεί η υφεσιακή δυναμική της λιτότητας, να διασφαλιστεί με όρους βιωσιμότητας η δημοσιονομική προσαρμογή της οικονομίας και να ανακτηθεί η πιστοληπτική ικανότητα της χώρας.

Το 2018, παρά τη βελτίωσή της, η κυκλική συνιστώσα του δημοσιονομικού ισοζυγίου προβλέπεται ότι θα παραμείνει αρνητική, εμποδίζοντας έτσι τη βελτίωση της δημοσιονομικής θέσης της χώρας. Το ίδιο θα συμβεί και τα επόμενα χρόνια, δεδομένων των υφεσιακών μέτρων που έχουν ήδη δρομολογηθεί προκειμένου να επιτευχθούν οι υψηλοί δημοσιονομικοί στόχοι της περιόδου 2019-2022.

Η δημιουργία πλεονασμάτων μέσω λιτότητας δεν συνιστά βιώσιμη επιλογή δημοσιονομικής προσαρμογής, καθώς υπονομεύει τους ενδογενείς μηχανισμούς δημιουργίας ροών ρευστότητας στην οικονομία και συνεπώς τις προοπτικές βιώσιμης μεγέθυνσης και βιώσιμων πλεονασμάτων.

Επίσης, οι δεσμεύσεις που έχει ήδη αναλάβει η χώρα ενδέχεται να υπονομεύσουν την αναπτυξιακή δυναμική της οικονομίας, τη χρηματοπιστωτική της ευστάθεια και συνεπώς τη δημοσιονομική της φερεγγυότητα

Από τα ευρήματα της Έκθεσης διαπιστώνεται με ατράνταχτα στοιχεία, ότι η δημοσιονομική λιτότητα και η εφαρμογή της πολιτικής της εσωτερικής υποτίμησης δεν έχουν οδηγήσει στην τόνωση των επενδύσεων και των εξαγωγών, όπως είχε εξαγγελθεί. Αντιθέτως, έχουν δημιουργήσει εύθραυστα δημοσιονομικά και εμπορικά πλεονάσματα σε βάρος του ισοζυγίου των νοικοκυριών, φτωχοποιώντας μεγάλη μερίδα του πληθυσμού.

Η κατανάλωση εξακολουθεί να αποτελεί τον βασικό προσδιοριστικό παράγοντα της εγχώριας οικονομικής δραστηριότητας. Το γ΄ τρίμηνο του 2017 η κατανάλωση παρέμεινε στάσιμη, κυμαινόμενη όμως σε επίπεδου ψηλότεροτου διαθέσιμου εισοδήματος.

Η αρνητική διαφορά μεταξύ διαθέσιμου εισοδήματος και κατανάλωσης όμως, η οποία διατηρείται από το 2012 και ύστερα, οφείλεται τόσο στην εκτεταμένη φοροδιαφυγή όσο και στη χρήση συσσωρευμένων πόρων για τη χρηματοδότηση της κατανάλωσης.

Το γεγονός αυτό, σε συνδυασμό με την επίτευξη υψηλών δημοσιονομικών στόχων, υποδαυλίζει τη δυναμική της κατανάλωσης και τη χρηματοοικονομική ευστάθεια των νοικοκυριών αλλά και του τραπεζικού συστήματος. Οι επενδύσεις εξακολουθούν να παραμένουν καθηλωμένες σε ένα ιδιαίτερα χαμηλό επίπεδο παρουσιάζοντας οριακές μεταβολές.

Οι εξαγωγές αγαθών έχουν ανακάμψει σε σχέση με το 2008. Η αντικατάσταση όμως της εγχώριας παραγωγής από τις εισαγωγές έχει οδηγήσει σε μια εξίσου σημαντική αύξηση των εισαγωγών αγαθών. Παράλληλα, οι εξαγωγές υπηρεσιών υστερούν σημαντικά σε σχέση με το επίπεδο του 2008, ενώ οι εξαγωγές προϊόντων υψηλού τεχνολογικού περιεχομένου αντιστοιχούν μόλις στο 4% του συνόλου των εξαγωγών.

Η εγχώρια παραγωγή βρίσκεται καθηλωμένη σε ένα στάσιμο επίπεδο, αρκετά χαμηλότερο από αυτό της προ κρίσης περιόδου.

Αναφορικά με τους κύριους κλάδους δραστηριότητας, η γεωργία είναι ο μόνος κλάδος στον οποίο παρατηρείται βελτίωση σε σχέση με το 2008.

Η εξέλιξη στη μεταποίηση είναι θετική, αλλά απέχει πολύ από το επίπεδο της ανάκαμψης.

Στασιμότητα σε ιδιαίτερα χαμηλό επίπεδο παρουσιάζουν οι κλάδοι των κατασκευών και των επαγγελματικών, επιστημονικών και τεχνικών υπηρεσιών, υστερώντας το γ΄ τρίμηνο του 2017 κατά 54% και 46% αντίστοιχα, σε σχέση με το γ΄ τρίμηνο του 2008.

Από τους υπόλοιπους κλάδους, οι χρηματοοικονομικές υπηρεσίες, ο κλάδος της πληροφορικής και της επικοινωνίας και ο κλάδος του εμπορίου, των μεταφορών και των υπηρεσιών στέγασης συνεχίζουν την πτωτική τους πορεία.

Όλα αυτά οφείλονται στην έλλειψη πολιτικών που θα οδηγούσαν στη βελτίωση της διαρθρωτικής ανταγωνιστικότητας, στην απουσία των παραγωγικών επενδύσεων που θα αναβάθμιζαν το εγχώριο παραγωγικό δυναμικό.

Η επίτευξη περαιτέρω υψηλών δημοσιονομικών στόχων αναμένεται να συμβάλει ακόμη πιο αρνητικά στη συνθήκη αυτή.

Και φυσικά η επίδραση καθίσταται άμεση στην αγορά εργασίας, παρά το γεγονός ότι το 2017 παρουσιάστηκε πολύ μικρή αποκλιμάκωση του ποσοστού ανεργίας - το γ΄ τρίμηνο του 2017 το «πραγματικό» σύνολο των ανέργων ανήλθε σε 1.355.620 άτομα, ποσό που αντιστοιχεί σε συνολικό ποσοστό ανεργίας 27,52%, αντί του 29,6% του αντίστοιχου γ΄ τρίμηνου του 2016.

Η κατάσταση όμως στην αγορά εργασίας παραμένει ιδιαίτερα αβέβαιη, τόσο ως προς το απόλυτο ύψος της ανεργίας όσο και ως προς το μέγεθος του προβλήματος σε ιδιαίτερες ομάδες του πληθυσμού.

Τυχόν παγίωση και εμπέδωση της υπάρχουσας κατάστασης των διευρυμένων ανισοτήτων στον τρόπο που βιώνουν τον κίνδυνο της ανεργίας ιδιαίτερες ομάδες του πληθυσμού μπορεί να οδηγήσει την αγορά εργασίας σε μόνιμο ακρωτηριασμό.

Η εργασιακή απασχόληση γενικότερα στην Ελλάδα βρίσκεται σε βαθιά κρίση.

Η μερική απασχόληση και η εκ περιτροπής εργασία φαίνεται να χαρακτηρίζουν τις σύγχρονες συνθήκες στην αγορά εργασίας, στην Ελλάδα.

Η επέκταση των λεγόμενων ευέλικτων μορφών απασχόλησης στη χώρα ως στρατηγική μείωσης του κόστους εργασίας, σε ένα πλαίσιο απουσίας παραγωγικών επενδύσεων και τεχνολογικού εκσυγχρονισμού, δεν συμβάλλει στη βελτίωση της παραγωγικότητας και της ανταγωνιστικότητας των επιχειρήσεων, γεγονός που επιδεινώνει περαιτέρω την απασχόληση και αυξάνει την ανεργία.

Η απορρύθμιση της εγχώριας αγοράς εργασίας σε συνδυασμό με τις πολιτικές λιτότητας και υπερφορολόγησης των νοικοκυριών είχαν συνολικά ως αποτέλεσμα τη διεύρυνση της φτώχειας και της ανισότητας, καθώς και την επιδείνωση των όρων διαβίωσης των πολιτών.

Βιώσαμε και συνεχίζουμε να βιώνουμε τις πιο τραγικές συνθήκες πολιτικής και οικονομικής και ευρωπαικής ανεπάρκειας.

Η αδιέξοδη πολιτική της δημοσιονομικής λιτότητας και της υποβάθμισης της εργασίας απέτυχαν.

Τα ΜΝΗΜΟΝΙΑ κοινώς απέτυχαν.

Απέτυχαν γιατί από την αρχή της κρίσης προσάρμοσαν την οικονομική πολιτική σε μη ρεαλιστικούς δημοσιονομικούς και μακροοικονομικούς στόχους. Το αφήγημα της εξωστρεφούς ανάπτυξης καλλιεργεί μόνο ψευδαισθήσεις στον βαθμό που δεν δημιουργούνται οι προϋποθέσεις για την παραγωγική και θεσμική αναδόμηση της οικονομίας και τη δημιουργία ποιοτικών θέσεων εργασίας.

Η πορεία της χώρας τα επόμενα χρόνια θα κριθεί από την χάραξη πολιτικών για την αναδιάρθρωση της εγχώριας παραγωγής, την πρακτική υποστήριξη των εγχώριων επιχειρήσεων, την δημιουργία θέσεων εργασίας, την μείωση της κατανάλωσης εισαγόμενων αγαθών, την προστασία εργαζομένων και συνταξιούχων, την οικοδόμηση κοινωνικών δομών για την αποτελεσματική αντιμετώπιση της φτώχειας και της ανισότητας.

ΑΡΘΡΟ 14ο

ΦΤΩΧΕΙΑ ΚΑΙ ΚΟΙΝΩΝΙΚΟΣ ΑΠΟΚΛΕΙΣΜΟΣ ΣΤΗΝ ΕΛΛΑΔΑ

Με τον όρο φτώχεια χαρακτηρίζουμε την έλλειψη πόρων ικανών να καλύπτουν τις βασικές ανθρώπινες ανάγκες.

Όταν αναφερόμαστε στη φτώχεια και τον κοινωνικό αποκλεισμό εννοούμε την κατάσταση κατά την οποία οι άνθρωποι στερούνται εκτός από τα βασικά αγαθά διαβίωσης, την ιατροφαρμακευτική περίθαλψη, την κοινωνική συναναστροφή, τις απολαύσεις μιας υγιούς οικογενειακής και πνευματικής ζωής.

Και ενώ ο όρος Κοινωνικός Αποκλεισμός διέφερε από τον όρο Φτώχεια, καθώς εξαρτιόταν από προσωπικές κυρίως συνιστώσες, σήμερα απορρέει από τον οικονομικό αποκλεισμό και την φτώχεια.

Σύμφωνα με την Παγκόσμια Τράπεζα, ως απόλυτη φτώχεια ορίζεται το ποσοστό του πληθυσμού που ζει με λιγότερα από ένα δολάριο την ημέρα. Απόλυτη φτώχεια γνωρίζουν οι χώρες του λεγόμενου Τρίτου Κόσμου.

Ως σχετική φτώχεια ή κίνδυνος φτώχειας ορίζεται το ποσοστό των ατόμων που ζουν σε νοικοκυριά, των οποίων το συνολικό ισοδύναμο διαθέσιμο εισόδημα είναι χαμηλότερο του 60% του εθνικού διάμεσου ισοδύναμου διαθέσιμου εισοδήματος και σήμερα αυτό το φαινόμενο είναι ιδιαίτερα διαδεδομένο και στον δυτικό κόσμο.

20 εκατομμύρια άτομα βρίσκονται ή κινδυνεύουν να βρεθούν σε κίνδυνο φτώχειας ή κοινωνικό αποκλεισμό στην Ευρώπη του σήμερα.

Σύμφωνα με την «Έρευνα Εισοδήματος και Συνθηκών Διαβίωσης των Νοικοκυριών 2017», της Ελληνικής Στατιστικής Αρχής – ΕΛΣΤΑΤ, ο πληθυσμός που βρίσκεται σε κίνδυνο φτώχειας ή κοινωνικό αποκλεισμό στην Ελλάδα ανέρχεται στο 34,8% (3.701.800 άτομα) του πληθυσμού.

Πιο αναλυτικά:

- Ο κίνδυνος φτώχειας ή κοινωνικού αποκλεισμού είναι υψηλότερος στην περίπτωση των ατόμων ηλικίας 18-64 ετών (39,7%).
- Το κατώφλι της φτώχειας ανέρχεται στο ποσό των 4.560 ευρώ ετησίως ανά άτομο και σε 9.576 ευρώ για νοικοκυριά με δύο ενήλικες και δύο εξαρτώμενα παιδιά ηλικίας κάτω των 14 ετών και ορίζεται στο 60% του διάμεσου συνολικού ισοδύναμου διαθέσιμου εισοδήματος των νοικοκυριών, το οποίο εκτιμήθηκε σε 7.600 ευρώ, ενώ το μέσο ετήσιο διαθέσιμο εισόδημα των νοικοκυριών της χώρας εκτιμήθηκε σε 15.106 ευρώ.
- Ο κίνδυνος φτώχειας για παιδιά ηλικίας 0-17 ετών (παιδική φτώχεια) ανέρχεται σε 24,5%.
- Ο κίνδυνος φτώχειας για άτομα ηλικίας άνω των 65 ετών υπολογίζεται σε 13,5% για τις γυναίκες και σε 11,1% για τους άνδρες.
- Ο κίνδυνος φτώχειας για άτομα ηλικίας άνω των 75 ετών υπολογίζεται σε 12,7% ενώ για άτομα ηλικίας κάτω των 75 ετών σε 21,1%.

Η οικονομική ύφεση, η απορρύθμιση της αγοράς εργασίας, η πολιτική λιτότητας με τις περικοπές μισθών, συντάξεων και κοινωνικών μεταβιβάσεων, η υπερφορολόγηση νοικοκυριών και επιχειρήσεων έχουν καταστήσει τον οικονομικό αποκλεισμό ως τη σημαντικότερη αιτία της φτώχειας και του κοινωνικού αποκλεισμού σήμερα.

Όσο οι αμοιβές και οι συντάξεις μειώνονται και τα επιδόματα που συμπληρώνουν τις αποδοχές (κοινωνικές μεταβιβάσεις) εξανεμίζονται, πολλά νοικοκυριά υπερχρεώνονται και δεν μπορούν να αποπληρώσουν τα χρέη τους. Έτσι εγκλωβίζονται στην υπερχρέωση και οδηγούνται σε οικονομικό και κοινωνικό αποκλεισμό.

Η καλύτερη αντιμετώπιση της φτώχειας και του κοινωνικού αποκλεισμού είναι οι περισσότερες και ποιοτικότερες θέσεις εργασίας για όλους όσους μπορούν να εργαστούν και οι κοινωνικές μεταρρυθμίσεις για αυτούς που δεν μπορούν.

Μόνον έτσι θα μπορούν όλοι να λάβουν μέρος στην εργασία αλλά και στην κοινωνία.

Η λύση στο πρόβλημα δεν είναι εύκολη , αλλά ούτε και ακατόρθωτη, καθώς ο δείκτης που αφορά τα πρωτογενή πλεονάσματα θα μπορούσε να συμπεριλαμβάνει όλες τις παραπάνω συνιστώσες, προκειμένου να εξασφαλίζει πραγματική ανάπτυξη και ευημερία των λαών και όχι των αγορών ΠΟΥ ΔΕΝ ΕΚΠΡΟΣΩΠΟΥΝ ΤΟΝ ΑΝΘΡΩΠΟ ΑΛΛΑ ΤΙΣ ΤΣΕΠΕΣ ΟΣΩΝ ΤΟΝ ΕΜΠΟΡΕΥΟΝΤΑΙ…

ΑΡΘΡΟ 15ᵒ

ΕΡΓΑΣΙΑΚΗ ΦΤΩΧΕΙΑ

Η εργασιακή φτώχεια είναι το φαινόμενο που θα μας απασχολήσει τα χρόνια που έρχονται. Και αυτό διότι το επίπεδο του διάμεσου μισθού ακόμη και στις δυτικές κοινωνίες έχει αρχίσει να πέφτει πολύ χαμηλά.

Αυτό σημαίνει ότι δεν υπάρχουν αρκετοί εισοδηματικοί πόροι για τα νοικοκυριά, προκειμένου να διαβιώνουν αξιοπρεπώς, με αποτέλεσμα να βρίσκονται πολύ κοντά στο όριο της φτώχειας.

Το 2016, 118,0 εκατομμύρια άτομα στην ΕΕ ζούσαν σε νοικοκυριά που κινδύνευαν από φτώχεια ή κοινωνικό αποκλεισμό , σύμφωνα με στατιστικά στοιχεία της EUROSTAT.

Πιο αναλυτικά:

Το 17,3% του πληθυσμού της ΕΕ βρισκόταν σε κίνδυνο φτώχειας το 2016.

Το 10,5% του πληθυσμού ηλικίας 0-59 ετών στην ΕΕ ζούσε σε νοικοκυριά με πολύ χαμηλή ένταση εργασίας το 2016.

Το 2016, το 7,5% του πληθυσμού στην ΕΕ στερήθηκε βασικά αγαθά.

Το 2016, στην ΕΕ των 28, υπήρχαν 118,0 εκατομμύρια άτομα που ζούσαν σε νοικοκυριά που διατρέχουν κίνδυνο φτώχειας ή κοινωνικού αποκλεισμού (ΑΠΟΡΟΙ) , που αντιστοιχούν στο 23,5% του συνόλου του πληθυσμού. Τα άτομα που κινδύνευαν από τη φτώχεια ή τον κοινωνικό αποκλεισμό βρίσκονταν σε μία τουλάχιστον από τις ακόλουθες κατηγορίες:

- σε κίνδυνο φτώχειας μετά από κοινωνικές μεταβιβάσεις (εισοδηματική φτώχεια),
- ουσιωδώς στερημένα,
- ζούσαν σε νοικοκυριά με πολύ χαμηλή ένταση εργασίας .

Οι φτωχοί εργαζόμενοι αποτελούν σήμερα μια μεγάλη μερίδα πληθυσμού στην Ευρώπη. Οι κυβερνήσεις όμως των κρατών-μελών, οι κοινωνικοί εταίροι και η ίδια η ΕΕ έχουν προσεγγίσει το θέμα περισσότερο μέσω της φτώχειας γενικότερα και δεν έχουν εστιάσει σε συγκεκριμένα μέτρα για την ενθάρρυνση της εργασίας και της εγχώριας επιχειρηματικότητας που μπορεί να ανοίξει μόνιμες θέσεις εργασίας.

Κατά συνέπεια, οι πολιτικές που είναι σχεδιασμένες ειδικά για την προστασία ή τη βελτίωση της κατάστασης των φτωχών εργαζομένων είναι περιορισμένες και αναποτελεσματικές.

Ένας επαρκής ελάχιστος μισθός, αποτελεί πυλώνα κοινωνικής προστασίας για τους φτωχούς εργαζόμενους και είναι σαφές ότι θα πρέπει να δοθεί ιδιαίτερη προσοχή στο ελάχιστο εισόδημα των νοικοκυριών ώστε να αντανακλά με ακρίβεια την κατάσταση πολλών εργαζομένων.

Η αύξηση της φτώχειας στην εργασία κατά τη διάρκεια της οικονομικής κρίσης είχε ευρύ κοινωνικό αντίκτυπο και δεν αποτελεί απλά ένα στατιστικό ζήτημα. Η φτώχεια στην εργασία είναι ένα τεράστιο πρόβλημα που απλώνεται σε όλη την Ευρώπη και απαιτεί ειδική προσοχή από τις κυβερνήσεις τους κοινωνικούς και οικονομικούς εταίρους.

Ο κίνδυνος φτώχειας και κοινωνικού αποκλεισμού έχει αντιμετωπισθεί με την διευκόλυνση κυρίως στις μεγάλες επιχειρήσεις και τις πολυεθνικές να χρησιμοποιούν την προσωρινή και εκ περιτροπής απασχόληση και κατά συνέπεια επισφαλή εργασία, σαν την κυρίαρχη σχέση εργασίας, πολιτική που όχι μόνο δεν λύνει το πρόβλημα αλλά το οξύνει ακόμη περισσότερο, καθώς τείνουν να εξαπλωθούν γενικότερα αυτές οι μορφές εργασίας και να μετατρέψουμε ακόμη και όλους τους εργάτες σε τριτοκοσμικούς, ΑΝΤΙ ΝΑ ΕΞΑΛΕΙΨΟΥΜΕ ΑΥΤΑ ΤΑ ΦΑΙΝΟΜΕΝΑ ΚΑΙ ΑΠΟ ΤΟΝ ΤΡΙΤΟ ΚΟΣΜΟ.

Η φτώχεια στην εργασία δεν είναι εύκολο να προσδιοριστεί και να μετρηθεί, και αυτό καθιστά δύσκολη την κατανόηση της εργασιακής φτώχειας μεταξύ διαφορετικών ομάδων εργαζομένων, μεταξύ των χωρών, ειδικά σε περιόδους ταχείας οικονομικής αλλαγής.

Θα πρέπει να αναζητήσουμε σταθερά κατώτατα όρια φτώχειας ή μέτρα υλικής στέρησης, καθώς μπορούν να παρέχουν μια ακριβέστερη προσέγγιση για τη σύγκριση στην εργασία που παρουσιάζει τάσεις φτώχειας, μέσα σε ένα σύνολο χωρών.

Στην Ελλάδα, σύμφωνα με την «Εκθεση για Ελληνική Οικονομία και Απασχόληση -2018» του ΙΝΕ-ΓΣΕΕ, η εξέλιξη των μισθών κατά το 2017 εμφάνισε σταθεροποίηση στα χαμηλά επίπεδα τα οποία έχουν διαμορφωθεί. Στον ιδιωτικό τομέα αυξήθηκε σημαντικά το ποσοστό των χαμηλόμισθων εργαζομένων με καθαρές μηνιαίες αποδοχές κάτω των 700 ευρώ, το οποίο ανήλθε σε 37,4% το 2017.

Η εξάπλωση της μερικής απασχόλησης και η γενίκευση των ελαστικών σχέσεων εργασίας έχουν καταδικάσει μεγάλο τμήμα του εργαζόμενου πληθυσμού να διαβιώνει σε συνθήκες φτώχειας. Αυτό, σε συνδυασμό με το γεγονός ότι το ποσοστό φτώχειας σε εργαζομένους με συμβάσεις ορισμένου χρόνου κυμαίνεται περίπου σε τριπλάσια επίπεδα σε σχέση με τους εργαζομένους με συμβάσεις αορίστου χρόνου, καθιστά προφανές πως οι σταθερές και πλήρεις σχέσεις απασχόλησης εξασφαλίζουν σαφώς καλύτερη προστασία από τη φτωχοποίηση.

ΑΡΘΡΟ 16⁰

Η ΕΞΑΓΟΡΑ ΤΗΣ MONSANTO ΑΠΟ ΤΗ BAYER

Η δημιουργία του μεγαλύτερου καρτέλ παγκοσμίως στους γεωργικούς σπόρους και στη χημική βιομηχανία. Η έγκρισή της από τις αρχές ανταγωνισμού των ΗΠΑ και ΕΕ άνοιξε οριστικά το δρόμο για την εξαγορά της αμερικανής αγροχημικής και βιοτεχνολογικής εταιρίας Monsanto από την γερμανική Bayer.

Το 1/3 της αγοράς των γεωργικών σπόρων και των φυτοφαρμάκων θα ελέγχονται πλέον από την Bayer, η οποία με την εξαγορά της Monsanto θα έχει αποκτήσει όλα τα σημεία πώλησης της Monsanto, προσέξτε όμως : ΧΩΡΙΣ ΤΟ ΚΑΚΟ ΤΗΣ ΟΝΟΜΑ ΣΤΗΝ ΑΓΟΡΑ.

Άλλαξε ο Μανωλιός και έβαλε τα ρούχα του αλλιώς...

Οι συνέπειες θα είναι τραγικές :

1) για τα εισοδήματα των αγροτών και το μέλλον της αγροτικής τους δραστηριότητας,
2) για το μέλλον της διατροφής μας, που θα ανήκει πια στην χωρίς έλεος παράδοση στα γενετικά μεταλλαγμένα τρόφιμα.

Η Bayer έχει κι αυτή όμως σκοτεινή ιστορία η οποία έχει ξεχαστεί. Κατά τη διάρκεια του Β΄ Παγκόσμιου Πολέμου ήταν θυγατρική της IG Farben, της εταιρίας που παρασκεύαζε το Zyclon B, το χημικό που χρησιμοποιούσαν οι Ναζί στους θαλάμους αερίων για να σκοτώνουν μαζικά τους εβραίους, στα στρατόπεδα συγκέντρωσης.

Το όραμα της Bayer όπως και της Monsanto και του νέου μονοπωλίου που δημιουργήθηκε, έχει να κάνει όπως καταλαβαίνουμε με την συσσώρευση πλούτου και δύναμης εις βάρος των εθνών, εις βάρος του επιχειρηματικού κόσμου, εις βάρος του αγροτικού κόσμου, εις βάρος του ανθρώπου και της φύσης γενικότερα.

Τα χημικά πολέμου καμιά διαφορά δεν έχουν με τα σημερινά που βιάζουν τη φύση και μπαίνουν στη καθημερινή διατροφή του ανθρώπου.

Για να κρύψει το κακό της παρελθόν, η Bayer συγχωνεύτηκε με τη Monsanto το 1954 και δημιουργήθηκε η Mobay Corporation. Αυτή τη συγχώνευση διέλυσε το Υπουργείο Δικαιοσύνης των ΗΠΑ το 1967, εξαιτίας της απορύθμισης στην αγορά που έφερε.

Σήμερα λοιπόν, μετά από τη θανατηφόρα πορεία της η Monsanto, καθώς είναι υπεύθυνη για το θάνατο και την δυσμορφία πολλών θυμάτων στο Βιετνάμ από την χρήση χημικών που η ίδια παρήγαγε και διοχέτευε, για τον θάνατο και τη βλάβη πολλών οργανισμών και ανθρώπων από την χρήση άκρως τοξικών φυτοφαρμάκων, για την παραγωγή γενετικά τροποποιημένων σπόρων που προκαλούν καρκίνο στον άνθρωπο, έρχεται να συγχωνευτεί με την Bayer, να αλλάξει όνομα και ο κόσμος να ξεχάσει, όπως είχε γίνει αντίστροφα στο παρελθόν.

Αυτό λοιπόν το πολυεθνικό επισιτιστικό καρτέλ ορίζει τις μοίρες των λαών σήμερα!

Αυτό που προσπαθεί να βιάσει τη φύση να παράγει περισσότερο καρπό, μη ωφέλιμο για τον άνθρωπο, προκειμένου να ανοίξει μαζικές αγορές σε όλο τον κόσμο, προκειμένου να ρίξει τις τιμές, προκειμένου να μεγιστοποιήσει την κατανάλωση, προκειμένου να ΑΝΑΓΚΑΖΕΙ ΤΟΝ ΑΝΘΡΩΠΟ ΝΑ ΑΓΟΡΑΖΕΙ ΤΟ ΘΑΝΑΤΟ ΤΟΥ…